Volker Mischewski

Außertarifliche Angestellte

Fragen und Antworten

Mit Online-Quiz unter
www.bund-verlag.de/faq-quiz

Volker Mischewski

Außertarifliche Angestellte

Gehaltsmodelle
Betriebs- und Dienstvereinbarungen
Mitbestimmung für Betriebsräte

BUND
VERLAG

Im Interesse einer besseren Lesbarkeit wird davon abgesehen, bei Fehlen einer geschlechtsneutralen Formulierung sowohl die männliche als auch weitere Formen aufzuführen. Die gewählten Formulierungen gelten deshalb uneingeschränkt für die weiteren Geschlechter.

Bibliografische Informationen der Deutschen Nationalbibliothek
Die Deutsche Nationalbibliothek verzeichnet diese Publikation in der Deutschen Nationalbibliografie; detaillierte bibliografische Daten sind im Internet über *http://dnb.d-nb.de* abrufbar.

Umschlag: fsvk designbüro für visuelle kommunikation, Großostheim
Satz: Dörlemann Satz, Lemförde
Druck: Druckerei C.H. Beck, Berger Straße 3, 86720 Nördlingen

ISBN: 978-3-7663-7527-8

kontakt@bund-verlag.de
www.bund-verlag.de

Inhaltsverzeichnis

Abkürzungsverzeichnis ... 11
Literaturverzeichnis ... 13
Einleitung ... 15

A. Grundlagen: Wer sind AT-Beschäftigte? ... 17
1. Was versteht man unter »AT-Beschäftigten«? ... 17
2. Welche AT-Voraussetzungen gibt es? ... 18
3. Welche Stellung haben AT-Beschäftigte im Vergleich zu Tarifbeschäftigten und leitenden Angestellten? ... 18
4. Was ist der Unterschied zwischen AT-Beschäftigten und ÜT-Beschäftigten? ... 19

B. Tarifbindung ... 20
5. Was versteht man unter »Tarifbindung«? ... 20
6. Wie entsteht eine Tarifbindung? ... 20
7. Welche Wirkungen hat eine Tarifbindung? ... 21
8. Welchen Einfluss hat eine Tarifbindung auf AT-Beschäftigte? 21
9. Welche Vorteile hat die fehlende Tarifbindung von AT-Beschäftigten? ... 22
10. Welche Nachteile hat die fehlende Tarifbindung von AT-Beschäftigten? ... 22

C. Ausschluss aus dem Geltungsbereich von Tarifverträgen 24
11. Warum werden AT-Beschäftigte aus dem Geltungsbereich von Tarifverträgen ausgeschlossen? ... 24
12. Ist der Ausschluss der AT-Beschäftigten aus dem Geltungsbereich von Tarifverträgen zulässig? ... 25

13. Was versteht man unter »Abgrenzung nach Art der Tätigkeit«? 26
14. Was versteht man unter »Abgrenzung nur nach Aufgabengebiet«? 27
15. Was versteht man unter »Abgrenzung nach Arbeitsaufgabe, Entgelthöhe und allgemeinen Arbeitsbedingungen mit Gesamtvergleich«? 28
16. Was versteht man unter »Abgrenzung nach Arbeitsaufgabe, Entgelt, allgemeinen Arbeitsbedingungen und Einzelvertrag«? 30
17. Was versteht man unter »Abgrenzung einzig nach Entgelthöhe«? 32
18. Welche Sonderregeln gibt es für den Manteltarifvertrag für akademisch gebildete Angestellte (MTV Akademiker) Chemie West? 32

D. Leitende Angestellte 35
19. Was sind »leitende Angestellte«? 35
20. Welche gesetzlichen Regelungen und Definitionen gibt es von leitenden Angestellten? 35
21. Welche Rechte und Pflichten haben leitende Angestellte? 37
22. In welchem Verhältnis stehen leitende Angestellte zu Tarifverträgen? 38
23. Welche gesetzlichen Sonderregeln gelten für leitende Angestellte? 38

E. AT-Arbeitsvertragsinhalte: Bedeutende Klauseln 40
24. Welche Bedeutung hat der Arbeitsvertrag für AT-Beschäftigte? 40
25. Welche inhaltlichen Besonderheiten haben AT-Arbeitsverträge? 41
26. Unterliegen AT-Arbeitsverträge der AGB-Kontrolle? 41
27. Welchen Einfluss haben Versetzungsklauseln auf AT-Arbeitsverträge? 42
28. Wie wird die AT-Vergütung arbeitsvertraglich festgehalten? . 43
29. Was versteht man unter einem »AT-Vergütungssystem«? 43

30. Werden Mehrarbeit und Überstunden bei AT-Beschäftigten besonders abgegolten? . . . 44
31. Welche Bonusregelungen sind bei AT-Beschäftigten möglich? . . . 45
32. Können AT-Beschäftigte ihr Gehalt prüfen lassen? . . . 47
33. Gilt der Gleichbehandlungsgrundsatz auch bei AT-Beschäftigten? . . . 47
34. Gilt das Diskriminierungsverbot auch für AT-Beschäftigte? . . . 48
35. Sind Bezugnahmeklauseln auf Tarifverträge für AT-Beschäftigte möglich? . . . 49
36. Welche Arten von Bezugnahmeklauseln gibt es? . . . 49
37. Welchen Einfluss hat ein Betriebsübergang auf die tarifliche Bezugnahme? . . . 50
38. Welchen Einfluss haben Anrechnungsklauseln auf die tarifliche Bezugnahme? . . . 51
39. Wie wird die Arbeitszeit in AT-Arbeitsverträgen geregelt? . . . 52
40. Welche Öffnungsklauseln gibt es für Mehrarbeit und Vergütung? . . . 53
41. Sind Abgeltungsklauseln für Mehr-, Überarbeit oder Überstunden wirksam? . . . 54
42. Gilt die gesetzliche Höchstarbeitszeit auch für AT-Beschäftigte? . . . 55
43. Dürfen AT-Beschäftigte Nebentätigkeiten ausüben? . . . 56
44. Gelten die gesetzlichen Regelungen des Bundesurlaubsgesetzes (BUrlG) auch für AT-Beschäftigte? . . . 56
45. Wie wirken sich Rückzahlungsklauseln für Ausbildungs- und Fortbildungskosten auf AT-Beschäftigte aus? . . . 57
46. Gelten tarifvertragliche Regelungen zur Altersteilzeit auch für AT-Beschäftigte? . . . 59
47. Dürfen Vertragsstrafen in AT-Arbeitsverträge aufgenommen werden? . . . 60
48. Gelten Wettbewerbsverbote auch für AT-Beschäftigte? . . . 60
49. Wie verhält es sich mit nachvertraglichen Wettbewerbsverboten? . . . 61
50. Welche Wettbewerbsverbote gelten beispielsweise im MTV Akademiker? . . . 61

51. Welchen Einfluss haben Ausschlussfristen für AT-Arbeitsverträge? 62
52. Welche Ausschlussfristen gibt es? 62
53. Welche Möglichkeiten haben Arbeitgeber, um den AT-Status von Beschäftigten aufzuheben? 63
54. Welche Unterschiede in AT-Arbeitsverträgen gibt es? 65

F. Arbeitsrechtliche Schutzvorschriften 66
55. Welche arbeitsrechtlichen Schutzvorschriften gelten für AT-Beschäftigte? 66
56. Welchen Einfluss hat das Arbeitszeitgesetz auf AT-Beschäftigte? 66
57. Gilt das Bundesurlaubsgesetz uneingeschränkt für AT-Beschäftigte? 66
58. Dürfen AT-Beschäftigte streiken? 67

G. Mitbestimmung durch den Betriebsrat 68
59. Haben AT-Beschäftigte Anspruch auf Betriebsratsvertretung? 68
60. Wie gestaltet sich die Vertretung von AT-Beschäftigten durch den Betriebsrat? 68
61. Welche vereinheitlichten Regelungen gibt es für die Arbeitsbedingungen von AT-Beschäftigten? 69
62. Dürfen AT-Beschäftigte an Betriebsratswahlen teilnehmen? 70
63. Sind AT-Beschäftigte wählbar? 70
64. Welche Mitbestimmungsrechte haben Betriebsräte bei der AT-Vergütung? 71
65. Was versteht man unter »Vergütungsgruppenregelungen«? 72
66. Welche Mitbestimmungsrechte bestehen bei den Gehaltsgruppen? 73
67. Was versteht man unter dem sogenannten »Mindestabstand«? 73
68. Welche Mitbestimmungsrechte bestehen in Bezug auf die Gehaltshöhe? 74
69. Welche Einsichtsrechte haben Betriebsräte in Bezug auf AT-Beschäftigte? 75

70. Gibt es datenschutzrechtliche Bedenken gegen das Einsichtsrecht von Betriebsräten? 75
71. Welche Mitbestimmungsrechte bestehen in Bezug auf die Arbeitszeit? 76
72. Welche Ausnahmen gelten für den MTV Akademiker? 77
73. Welche Mitbestimmungsrechte bestehen in Bezug auf Überstunden und Mehrarbeit? 77
74. Welchen Einfluss haben Betriebsvereinbarungen auf die Mitbestimmungsrechte zur Arbeitszeit? 78
75. Welche Informationsrechte haben Betriebsräte in Bezug auf die Arbeitszeit? 79
76. Was versteht man unter einer »Kappung der Arbeitszeit«? . . . 80
77. Welche Betriebsvereinbarungen bestehen bei Berufsbildungsmaßnahmen? 81
78. Welche Besonderheiten gelten für AT-Beschäftigte bei personellen Maßnahmen? 82
79. Was versteht man unter einer »Ausgruppierung«? 82
80. Welche Besonderheiten ergeben sich bei der Einstellung von AT-Beschäftigten? 83
81. Welche Besonderheiten ergeben sich bei der Eingruppierung von AT-Beschäftigten? 84
82. Gibt es Besonderheiten bei der Versetzung von AT-Beschäftigten? 85
83. Welche Besonderheiten ergeben sich bei der Ausgruppierung von AT-Beschäftigten? 85
84. Ist eine Umgruppierung im AT-System möglich? 86
85. Welche Besonderheiten ergeben sich bei der Herabgruppierung von AT-Beschäftigten? 86
86. Ergeben sich Besonderheiten bei der Kündigung von AT-Beschäftigten? 88
87. Welcher Betriebsrat ist örtlich für AT-Beschäftigte zuständig? 88
88. Welche Mitbestimmungsrechte bestehen bei Betriebsvereinbarungen? 90
89. Welche Besonderheiten gelten für »freiwillige Betriebsvereinbarungen«? 90
90. Was gilt bei »erzwingbaren Betriebsvereinbarungen«? 91

91. Welche Durchsetzungsmöglichkeiten gibt es für Betriebsvereinbarungen zu AT-Beschäftigten? 91
92. Was versteht man unter einer »Einigungsstelle«? 92
93. Wie ist eine Einigungsstelle besetzt?..................... 92
94. Kann der Beschluss einer Einigungsstelle angefochten werden?.. 93
95. Welche arbeitsgerichtlichen Beschlussverfahren gibt es?..... 93
96. Welche Dauer haben arbeitsgerichtliche Beschlussverfahren? 94
97. Wie sind Anhörungs- und Kammertermine aufgebaut? 94
98. Was ist eine »einstweilige Verfügung«? 95
99. Welche arbeitsrechtlichen Gerichtsinstanzen gibt es? 96

H. Betriebsvereinbarungsinhalte 97
100. Welche möglichen Regelungsinhalte gibt es für Betriebsvereinbarungen mit Bezug auf AT-Beschäftigte? 97
101. Welche konkreten Regelungsinhalte sind bei der Arbeitszeit möglich? 98
102. Welche konkreten Regelungsinhalte sind beim Vergütungssystem möglich?.. 98

Stichwortverzeichnis 99

Abkürzungsverzeichnis

Abs.	Absatz
AGB	Allgemeine Geschäftsbedingungen
AGG	Allgemeines Gleichbehandlungsgesetz
Altersversorgungs -TV	Altersversorgungs-Tarifvertrag
ArbGG	Arbeitsgerichtsgesetz
ArbZG	Arbeitszeitgesetz
Art.	Artikel
AT	Außertariflich
ATZ-Vertrag	Altersteilzeit-Vertrag
BAG	Bundesarbeitsgericht
BetrVG	Betriebsverfassungsgesetz
BETV	Bundesentgelttarifvertrag
BGB	Bürgerliches Gesetzbuch
bspw.	beispielsweise
d. h.	das heißt
Dipl. Chem.	Diplom-Chemiker
Dipl. Ing.	Diplom-Ingenieur
Entgelt-TV	Entgelt-Tarifvertrag
etc.	et cetera
f.	folgend
ff.	fortfolgend
GG	Grundgesetz
ggf.	gegebenenfalls
HGB	Handelsgesetzbuch
i. d. F.	in der Fassung
i. d. R.	in der Regel

IG Metall	Industriegewerkschaft Metall
i. S.	im Sinne
i. S. v.	im Sinne von
i. V. m.	in Verbindung mit
KSchG	Kündigungsschutzgesetz
MitbestG	Mitbestimmungsgesetz
MTV	Manteltarifvertrag
MTV Akademiker	Manteltarifvertrag für akademisch gebildete Angestellte
NachwG	Nachweisgesetz
Nr.	Nummer
SGG	Sozialgerichtsgesetz
SprAuG	Sprecherausschussgesetz
TEA	Tarifvertrag über Einmalzahlung und Altersvorsorge
TVG	Tarifvertragsgesetz
TV MoA	Tarifvertrag moderne Arbeitswelt
TV Demo	Tarifvertrag Lebensarbeitszeit und Demografie
u. a.	unter anderem
usw.	und so weiter
ÜT	Übertariflich
z. B.	zum Beispiel
Ziff.	Ziffer

Literaturverzeichnis

Bollmeyer/Voß, Mitbestimmung und Gestaltung der Arbeitsbedingungen von AT-Angestellten in der Eisen- und Stahlindustrie, Arbeitspapier 67 (2003)

Breisig, AT-Angestellte, Reihe Betriebs- und Dienstvereinbarungen (2010)

Bromberg/Haipeter/Hecker, Entgeltgestaltung für außertariflich Beschäftigte am Beispiel der chemischen Industrie, Band 361 Study Reihe Betriebsvereinbarungen (2017)

Däubler (Hrsg.), Tarifvertragsgesetz, Kommentar, 4. Aufl. (2016)

Däubler/Klebe/Wedde (Hrsg.), Betriebsverfassungsgesetz, 20. Aufl. (2026); zit.: DKW-*Bearbeiter*

Fitting/Engels/Schmidt/Trebinger/Linsenmaier, Betriebsverfassungsgesetz – Handkommentar, 29. Aufl. (2018); zit.: *Fitting*

Müller-Glöge/Preis/Schmidt (Hrsg.), Erfurter Kommentar zum Arbeitsrecht, 20. Aufl. (2020); zit.: ErfK-*Bearbeiter*

Einleitung

Außertarifliche Angestellte (AT-Angestellte) – vom Geltungsbereich tarifvertraglicher Regelungen ausgenommen, bleiben sie dennoch regelmäßig Arbeitnehmer im Sinne des § 5 BetrVG. In der betrieblichen Hierarchie sind sie zumeist zwischen den Tarifbeschäftigten und den leitenden Angestellten eingeordnet. Nicht selten sind sie Führungskräfte auf der mittleren Ebene oder verfügen über umfangreiche Spezialkenntnisse. Daher muss ihre Vergütung bereits per Definition oberhalb der höchsten tariflichen Entgeltgruppe liegen. Aufgrund der steigenden Akademisierung in vielen Berufen nimmt die Zahl von AT-Angestellten in der betrieblichen Praxis kontinuierlich zu, was die Bedeutung einer rechtssicheren Einordnung zusätzlich verstärkt. Zugleich führt der anfänglich genannte Umstand häufig zu Unsicherheiten, da nicht jede als »außertariflich« bezeichnete Tätigkeit die rechtlichen Voraussetzungen eines AT-Status erfüllt. Insbesondere die Abgrenzung zum Tarifangestellten einerseits und zum leitenden Angestellten andererseits ist gerade für die Betriebsratsarbeit von erheblicher Bedeutung. Eine fehlerhafte Einstufung wirkt sich nicht nur auf Themen wie die Vergütung und die Arbeitszeit aus, vielmehr berührt sie zentrale Fragen der Mitbestimmung, des Kündigungsschutzes und der Beteiligungsrechte nach dem BetrVG.

Dieses Buch knüpft genau hier an und orientiert sich an typischen Fragestellungen aus der betrieblichen Praxis. Dabei zeigt es nicht nur die Problematik einer einheitlichen Definition auf und ordnet ihre Stellung in Bezug auf leitende Angestellte und ÜT-Beschäftigte ein. Vielmehr wird sowohl die Tarifbindung ebenso wie der Ausschluss aus dem Geltungsbereich eines Tarifvertrags näher beleuchtet. Einen Schwerpunkt neben der Diskussion von zentralen Vertragsinhalten bildet vor allem die Mitbestimmung des Betriebsrats. Neben einer verständlichen Erläuterung der

rechtlichen Grundlagen werden typische Regelungen zu Gehalt, Arbeitszeit und Sonderleistungen dargestellt und durch praxisnahe Hinweise zu Verhandlungen sowie zu Vertragsgestaltungen ergänzt.
Durch den Frage-Antwort-Stil soll eine praxisnahe, gut verständliche Hilfestellung an die Hand gegeben werden, um aufkommenden Problemstellungen aus der alltäglichen Arbeit gezielt entgegenzutreten.

A. Grundlagen: Wer sind AT-Beschäftigte?

1. Was versteht man unter »AT-Beschäftigten«?

Eine einheitliche Definition des Begriffs »AT-Beschäftigter« fehlt. Auch arbeitsrechtliche Vorgaben in Gesetzen oder Verordnungen für eine Definition sind nicht zu finden. Im allgemeinen Sprachgebrauch werden Beschäftigte, die außertariflich oder übertariflich bezahlt werden, in den Unternehmen als AT- oder ÜT-Beschäftigte (übertariflich bezahlte Beschäftigte) bezeichnet. Diese Begriffe sind allerdings nicht eindeutig und werden uneinheitlich verwendet. Soziologisch und rechtlich stellen diese Beschäftigten jedoch eine besondere Gruppe dar. Das BAG hat AT-Beschäftigte wie folgt beschrieben: »*AT-Angestellte sind Angestellte, die kraft ihrer Tätigkeit nicht mehr unter den persönlichen Geltungsbereich des einschlägigen Tarifvertrages fallen.*«[1] Danach käme es also allein auf die Tätigkeit an, wie es beispielsweise im MTV für die Leder erzeugende Industrie (siehe Frage 14) vorgesehen ist. Leider ist eine eindeutige Abgrenzung von AT-Beschäftigten auch mit dieser Entscheidung nicht immer möglich. Immerhin hat das BAG darauf hingewiesen, dass dem Betriebsverfassungsgesetz die Unterscheidung zwischen »Tarif- und AT-Arbeitnehmer« unbekannt ist.[2] Dem Betriebsrat sind durch das Betriebsverfassungsgesetz für diese Beschäftigtengruppe keine eingeschränkten Aufgaben zugewiesen worden.[3] In der Literatur wird mit dem Begriff noch unschärfer umgegangen. AT-Beschäftigter ist hiernach zum Beispiel, wer aufgrund der Bezahlung nicht vom einschlägigen Gehaltstarifvertrag erfasst wird.[4] Letzt-

1 BAG 27.10.1992 – 1 ABR 17/92.
2 BAG 11.2.1992 – 1 ABR 51/91.
3 BAG 30.6.1981 – 1 ABR 26/79, ebenfalls dazu *Bollmeyer/Voß*, S. 35 ff.
4 ErfK-*Preis*, § 611 BGB Rn. 108.

lich haben es die Tarifvertragsparteien in der Hand, die Voraussetzungen für den AT-Status im jeweiligen Tarifvertrag festzulegen.

2. Welche AT-Voraussetzungen gibt es?

Bei den AT-Voraussetzungen wird auf folgende Kriterien – teils mehrere Kriterien kumuliert – in einzelnen Tarifverträgen abgestellt:

- Eine Abgrenzung nach Art der Tätigkeit, die vom Tarifvertrag nicht mehr erfasst ist;
- das Aufgabengebiet stellt höhere Anforderungen als die höchste tarifliche Tätigkeitsgruppe;
- die Arbeitsaufgabe, Entgelthöhe und allgemeinen Arbeitsbedingungen liegen bei einer Gesamtbetrachtung über dem Niveau der höchsten Tarifgruppe;
- neben der Arbeitsaufgabe, dem Entgelt und den allgemeinen Arbeitsbedingungen findet sich die ausdrückliche Bezeichnung als AT-Beschäftigter im Arbeitsvertrag;
- das Entgelt liegt um x % oberhalb des höchsten Tarifgehalts.

3. Welche Stellung haben AT-Beschäftigte im Vergleich zu Tarifbeschäftigten und leitenden Angestellten?

AT-Beschäftigte stehen in der betrieblichen Hierarchie oft zwischen Tarifbeschäftigten und leitenden Angestellten. Betriebsverfassungsgesetz und Tarifverträge definieren ihren Status. Sie sind Beschäftigte, die unabhängig von ihrer Tarifbindung i. S. d. § 3 TVG aus dem persönlichen Geltungsbereich des jeweils einschlägigen Tarifvertrags herausgenommen wurden.[5] Die Regelungen zu Entgelt und Arbeitszeit werden einzelvertraglich vereinbart. Ist der Arbeitgeber tarifgebunden, sind tarifvertragliche Rechtsnormen über Abschluss, Inhalt und Beendigung von Arbeitsverhältnissen für AT-Beschäftigte nicht anzuwenden. Betriebliche und betriebsverfassungsrechtliche Normen eines Tarifvertrags sind dagegen auch für diese

5 DKW-*Buschmann*, BetrVG, § 80 Rn. 131.

Arbeitnehmergruppe verbindlich (§ 3 Abs. 2 TVG). Regelungsbeispiele sind der Arbeitsschutz, soziale Einrichtungen, sanitäre Anlagen, das Verhalten der Arbeitnehmer im Betrieb und die Organisationsstruktur eines Betriebs.[6] Liegt jedoch tatsächlich kein AT-Arbeitsverhältnis vor, sind die tarifvertragswidrigen Arbeitsvertragsinhalte unwirksam und die tariflichen Bestimmungen vollständig anzuwenden.

4. Was ist der Unterschied zwischen AT-Beschäftigten und ÜT-Beschäftigten?

Manchmal werden umgangssprachlich die Termini »ÜT-Beschäftigte« und »AT-Beschäftigte« synonym verwendet. Richtigerweise sind ÜT-Beschäftigte vollständig tarifgebunden. Sie erhalten nur ein Entgelt, das oberhalb des tarifvertraglich festgelegten Entgelts liegt. Die Definition von AT-Beschäftigten ist hingegen deutlich komplexer. Sie sind nach der Definition des BAG Angestellte, die kraft ihrer Tätigkeit nicht mehr unter den persönlichen Geltungsbereich des einschlägigen Tarifvertrages fallen (siehe Frage 1). Im Vergleich zu ÜT-Beschäftigten ist also nicht nur das Entgelt unterschiedlich.

---

6 Vgl. *Däubler*, Tarifvertragsgesetz, TVG, § 3 Rn. 70.

B. Tarifbindung

5. Was versteht man unter »Tarifbindung«?

Tarifverträge regeln die betrieblichen Entgelte und Arbeitsbedingungen (Arbeitszeit, Urlaub, Altersversorgung u. a.). Für unterschiedliche Tätigkeiten werden Entgeltgruppen zwischen den Sozialpartnern, also Interessenverbänden der Arbeitgeber (Arbeitgeberverbände) und der Beschäftigten (Gewerkschaften), vereinbart. Im Tarifvertragsgesetz ist vorgesehen, dass Tarifverträge dann anzuwenden sind, wenn Arbeitgeber und Beschäftigte Mitglied der tarifschließenden Organisation sind. Dies nennt man Tarifbindung. Gesetzlich geregelt ist die Tarifgebundenheit in § 3 TVG.

6. Wie entsteht eine Tarifbindung?

Eine originäre Tarifbindung der Beschäftigten beginnt gem. § 3 Abs. 1 TVG mit der satzungsgemäß zustande gekommenen Mitgliedschaft in der Gewerkschaft. Arbeitgeber können jedoch die tariflichen Leistungen Beschäftigten, die nicht Gewerkschaftsmitglieder sind, freiwillig gewähren. Daher können Arbeitsverträge einzelner Beschäftigter auf Tarifverträge Bezug nehmen und so eine Tarifbindung erzeugen. Derartige Bezugnahmeklauseln gelten als dynamische Verweise auf Tarifverträge weiter, selbst wenn die Tarifbindung des Arbeitgebers endet oder nicht (mehr) vorliegt (z. B. nach einem Betriebsübergang).

7. Welche Wirkungen hat eine Tarifbindung?

Von den zwingenden Wirkungen der Tarifbindung darf gem. § 4 Abs. 3 TVG nur abgewichen werden, wenn die abweichenden Abmachungen Regelungen zugunsten der Beschäftigten enthalten oder die Tarifvertragsparteien eine negative Abweichung ausdrücklich gestatten. Auch Verzichte durch Beschäftigte auf tarifvertragliche Rechte sind nur möglich, wenn die Tarifvertragsparteien zustimmen (§ 4 Abs. 4 TVG). Fehlt eine Öffnungsklausel gem. § 4 Abs. 3 TVG im Tarifvertrag, fallen außertarifliche Beschäftigte nicht immer und automatisch aufgrund ihrer Tätigkeiten aus dem Geltungsbereich von Tarifverträgen heraus. Der Ausschluss – bei beiderseitiger oder einseitiger Tarifbindung – ist nur möglich, wenn dies die Tarifvertragsparteien so vorgesehen haben. Die Rechtsprechung des BAG zu AT-Angestellten kann nicht auf Tarifverträge übertragen werden, die außertarifliche Angestellte nicht erwähnen.[7]

8. Welchen Einfluss hat eine Tarifbindung auf AT-Beschäftigte?

Ist ein Unternehmen weder Mitglied in einem Arbeitgeberverband, wendet keinen Haustarifvertrag an oder fällt nicht unter den Geltungsbereich eines allgemeinverbindlichen Tarifvertrags kann es bei ihm denklogisch keine AT-Beschäftigten in dem bisher beschriebenen Sinn geben. Die Erklärung des Arbeitgebers, dass eine Gruppe von Beschäftigten AT-Beschäftigte seien, genügt nicht. Besteht kein Tarifvertrag, der seinem fachlichen und räumlichen Geltungsbereich nach auf den Betrieb anzuwenden wäre, haben alle Beschäftigten außertarifliche Bedingungen. Wird in einem solchen Unternehmen für einen Teil der Beschäftigten individualrechtlich ein Tarifvertrag in Bezug genommen, begründet dies keinen AT-Status für die übrigen Beschäftigten, auch wenn ihr möglicherweise übertarifliches Entgelt individuell ausgehandelt wurde bzw. wird.[8] Dies hat Bedeutung hinsichtlich der Mitbestimmungsrechte des Betriebsrats. So etwa bei Fragen des Einsichtsrechts in Brutto-Lohn- und Gehaltslisten[9]

7 LAG Baden-Württemberg 22.3.1989 – 9 Sa 140/88.
8 BAG 30.4.1981 – 6 ABR 77/78.
9 Vgl. BAG 30.4.1981 – 6 ABR 77/78; 14.1.2014 – 1 ABR 54/12.

oder die anzuwendende Entgeltordnung[10], da bspw. das Einsichtsrecht auch die individuell ausgehandelten Entgelte umfasst. Auf der anderen Seite reicht die Mitgliedschaft der Beschäftigten in der Gewerkschaft nicht, um eine Tarifbindung für das Unternehmen zu erzeugen. Werden AT-Beschäftigte aus dem Geltungsbereich eines Tarifvertrages ausgeschlossen, muss das Unternehmen an diesen Tarifvertrag selbst gebunden sein oder arbeitsvertraglich Bezug auf einen spezifischen Tarifvertrag nehmen, um die Differenzierung bei den Beschäftigten vornehmen zu können. Treffen die Bedingungen für den AT-Status zu, gelten diese beim tarifgebundenen Unternehmen für sämtliche entsprechend Beschäftigte, unabhängig ihrer persönlichen Gewerkschaftszugehörigkeit.

9. Welche Vorteile hat die fehlende Tarifbindung von AT-Beschäftigten?

Die Herausnahme der AT-Beschäftigten aus einem Tarifvertrag hat sowohl Vor- als auch Nachteile zur Folge. Deshalb stellen die Abgrenzungen der AT-Beschäftigten in vielen Tarifverträgen gerade auf herausgehobene Tätigkeiten, ein höheres Entgelt oder insgesamt bessere arbeitsvertragliche Regelungen ab (siehe Frage 11 ff.). Ein weiterer Pluspunkt ist, dass für diesen Personenkreis die tariflichen Ausschlussfristen nicht gelten. Allerdings wird dies in der Regel durch entsprechende Klauseln in den Individualarbeitsverträgen wieder aufgefangen.

10. Welche Nachteile hat die fehlende Tarifbindung von AT-Beschäftigten?

Neben Vorteilen, existieren auch Nachteile für die AT-Beschäftigten. So gibt es keinen allgemeinen Grundsatz, wonach die Arbeitsbedingungen nicht tarifgebundener Beschäftigter denen tarifgebundener Arbeitnehmer entsprechen müssen. Das Gegenteil ergibt sich aus § 3 Abs. 1 TVG und § 4 Abs. 1 TVG. Dort ist im Grundsatz angelegt, dass tarifgebundene Arbeitgeber ohne Verstoß gegen den Gleichbehandlungsgrundsatz zwischen

10 BAG 17.5.2011 – 1 AZR 797/09.

tarifgebundenen und nicht tarifgebundenen Beschäftigten unterscheiden dürfen. Das fängt mit dem Umfang der Wochenarbeitszeit an, geht über die mögliche Pflicht zur Mehrarbeit weiter und kann auch das Entfallen von freien Tagen für besondere Gelegenheiten (Geburt eines Kindes, Hochzeit etc.) umfassen. In manchen Tarifverträgen wird Gewerkschaftsmitgliedern eine besondere Leistung gewährt. Diese Differenzierungsklauseln sind in einem gewissen Rahmen zulässig.[11] Diese Leistung erhält nur, wer unter den Tarifvertrag fällt und Gewerkschaftsmitglied ist.

11 Vgl. BAG 23.3.2011 – 4 AZR 366/09.

C. Ausschluss aus dem Geltungsbereich von Tarifverträgen

11. Warum werden AT-Beschäftigte aus dem Geltungsbereich von Tarifverträgen ausgeschlossen?

Gewerkschaftspolitisch stellt sich die Frage, warum auf die Gruppe der Beschäftigten »verzichtet« wird, deren Einkommen oberhalb der höchsten Entgeltgruppe liegt, ohne dass sie leitende Beschäftigte im Sinne des § 5 Abs. 3 BetrVG wären. Auch wenn diese Beschäftigten Gewerkschaftsmitglieder sind, müssen ihnen die Leistungen aus dem Tarifvertrag nicht gewährt werden. So bleibt diese Gruppe auch außerhalb der Sozialpartnerbeziehung[12] zwischen den Tarifvertragsparteien, und auch die getroffenen Sozialpartnervereinbarungen sind nicht automatisch anwendbar. Gleichwohl kommen tarifvertragliche Leistungen wie etwa Urlaubsgeld oder Freistellungstage häufig auch außertariflich Beschäftigten zugute. Tarifliche Regelungen bewirken einen starken Anpassungsdruck auf die Arbeitsbedingungen der AT-Beschäftigten: Arbeitgeber müssen vergleichbare Arbeitsbedingungen anbieten, wenn sie nicht den Unmut der wachsenden und hoch qualifizierten Gruppe der Außertariflichen erregen wollen. In der Praxis ist außerdem zu beachten, dass für ein Unternehmen eine Vielzahl von Tarifverträgen der gleichen Tarifvertragsparteien zur Anwendung kommen kann (MTV, Entgelt-TV, Altersversorgungs-TV usw.). Die Geltungsbereiche der Tarifverträge gleichen sich in der Regel im Wortlaut, können jedoch auch abweichen. Daher ist der Status von außertariflichen Beschäftigten für jeden Tarifvertrag einzeln zu prüfen. Es kann durchaus vorkommen, dass Beschäftigte von einzelnen Geltungsbereichen

12 *Eich*, NZA 1995, 149 ff.

ausgenommen, andere Tarifverträge der gleichen Tarifvertragsparteien jedoch anzuwenden sind.

Praxisbeispiel:
Der Manteltarifvertrag für akademisch gebildete Angestellte in der chemischen Industrie (MTV Akademiker Chemie) gilt für Beschäftigte mit einer technischen oder naturwissenschaftlichen Hochschulausbildung und einer entsprechenden Tätigkeit. Aber auch für kaufmännische, technische und andere Beschäftigte, die aufgrund entsprechender Tätigkeit und Leistung durch Einzelvertrag diesem Tarifvertrag unterstellt sind (§ 1 Ziff. 1b MTV Akademiker Chemie). Hier sind nur »Leitende Angestellte« im Sinne des § 5 Abs. 3 BetrVG ausgenommen, wenn deren einzelvertragliche Bedingungen mindestens denen des MTV Akademiker Chemie entsprechen.

12. Ist der Ausschluss der AT-Beschäftigten aus dem Geltungsbereich von Tarifverträgen zulässig?

Der Ausschluss der AT-Beschäftigten aus dem Geltungsbereich von Tarifverträgen ist zulässig. Das BAG hat mit seiner Beschreibung, dass »AT-Angestellte« Beschäftigte sind, die »kraft ihrer Tätigkeitsmerkmale oder ihrer Vergütungshöhe nicht mehr unter den persönlichen Geltungsbereich des einschlägigen Tarifvertrags fallen«, einen weiten Handlungsrahmen für die Tarifvertragsparteien gesetzt. Daher sind in den folgenden tariflichen Regelungen keine Ansatzpunkte zu erkennen, die auf eine unzulässige Regelung schließen lassen. AT-Beschäftigte stehen außerhalb des Tarifvertrages, der für die anderen Beschäftigten im Betrieb gilt. Sie müssen aus dem Geltungsbereich des jeweiligen Tarifvertrags ausdrücklich herausgenommen werden. Der Geltungsbereich des jeweiligen Tarifvertrags kann auch positiv beschrieben sein, indem beschrieben wird, wer zum Geltungsbereich zählt (siehe Frage 13). Selbstverständlich sind auch Tarifverträge möglich, die alle Arbeitnehmer erfassen und somit gar keinen AT-Bereich definieren. Wird allerdings nur ein Gehalt oberhalb eines tariflichen Höchstgehaltes gezahlt, im Tarifvertrag aber nicht ausdrücklich die Herausnahme dieses Personenkreises geregelt, so sind die Betroffenen keine »außertariflichen Beschäftigten« in diesem Sinn, sondern Tarifbeschäftigte mit einem übertariflichen Gehalt.

13. Was versteht man unter »Abgrenzung nach Art der Tätigkeit«?

Die Tarifverträge knüpfen die Eingruppierung an die Tätigkeit an. Dafür legen sie Tätigkeitsmerkmale fest, wodurch sie die Art der Tätigkeit definieren und wie diese bezahlt wird.
Im MTV der Kautschukindustrie der Länder Hessen, Niedersachsen, Rheinland-Pfalz und dem Saarland werden Beschäftigte aus dem Geltungsbereich des Tarifvertrags herausgenommen, wenn ihre Tätigkeit nicht den tariflichen Merkmalen des Entgeltrahmentarifvertrags entspricht. Es wird also nach der Art der Tätigkeit abgegrenzt.

MTV der Kautschukindustrie der Länder Hessen, Niedersachsen, Rheinland-Pfalz und dem Saarland (17. 12. 2003 i. d. F. vom 28. 02. 2023)
§ 1 Geltungsbereich
3. persönlich:
für die Beschäftigten, deren Tätigkeit den tariflichen Merkmalen des Entgeltrahmentarifvertrages entspricht, (…).

Im Entgeltrahmentarifvertrag werden die tariflichen Merkmale der Tätigkeiten in 13 Entgeltgruppen klassifiziert:

Entgeltrahmentarifvertrag für die Kautschukindustrie in der Bundesrepublik Deutschland (11. 02. 2000, i. d. F. vom 28. 02. 2023)
§ 7 Entgeltgruppen
Die Eingruppierung richtet sich nach den Tätigkeitsmerkmalen der Oberbegriffe; (…).
Entgeltgruppe 1
Tätigkeiten in der Eingliederungsphase, insbesondere von Schülern und Studenten, während der ersten 8 Wochen im Betrieb. (…)

Entgeltgruppe 5
Tätigkeiten, deren Ablauf und Ausführung Kenntnisse und Fertigkeiten erfordern, die in einer Anlernzeit von in der Regel 6 Monaten erworben werden. (...)
Entgeltgruppe 10
Tätigkeiten, die Kenntnisse und Fertigkeiten erfordern, die durch eine abgeschlossene, mindestens 3jährige Berufsausbildung in einem fachbezogenen Ausbildungsberuf erworben werden. (...)
Entgeltgruppe 13
Tätigkeiten, die Kenntnisse und Fertigkeiten erfordern, die üblicherweise durch einen Hochschulabschluss (Master oder Dipl. Ing., Dipl. Chem. etc.) erworben werden.

Eine Differenzierung nach Lebensalter oder Beschäftigungsdauer wird nicht vorgenommen. In den einzelnen Entgeltgruppen wurden bis zu drei Anforderungsstufen (A-C) im Gehaltstarifvertrag vorgesehen und es gibt Richtbeispiele (z. B. Maschinen- oder Anlagenführer). Die Entgeltgruppen beschreiben keine konkreten Tätigkeiten, sondern die Qualifikation, die für die Erledigung bestimmter Tätigkeiten erforderlich sind. Diese Qualifikationen umfassen alle beruflichen Qualifikationsebenen bis zum Hochschulabschluss. Dies bedeutet nicht, dass ausschließlich aufgrund dieses Abschlusses eingruppiert wird, sondern dass ein entsprechender Wissensstand Voraussetzung für die Ausübung dieser Tätigkeit ist.

14. Was versteht man unter »Abgrenzung nur nach Aufgabengebiet«?

Der MTV für die ledererzeugende Industrie stellt allein auf die Frage ab, ob den Beschäftigten ein Aufgabengebiet übertragen wurde, das innerhalb der tariflich abgebildeten Tätigkeitsgruppen liegt. Stellt das Aufgabengebiet höhere Anforderungen als die höchste tarifliche Tätigkeitsgruppe, gilt der MTV für diese Beschäftigten nicht. Es wird also nach dem zugewiesenen Aufgabengebiet abgegrenzt.

MTV für die Leder erzeugende Industrie in der Bundesrepublik Deutschland (20.09.2017 i.d.F. vom 26.02.2019)
§ 1 Geltungsbereich
Der Geltungsbereich erstreckt sich auf:
c) persönlich:
alle Arbeitnehmer*) und Auszubildenden.
Nicht unter den persönlichen Geltungsbereich fallen:
- gesetzliche Vertreter von juristischen Personen sowie leitende Angestellte im Sinne des § 5 Abs. (3) BetrVG,
- Arbeitnehmer mit einem Aufgabengebiet, das höhere Anforderungen stellt als die höchste tarifliche Tätigkeitsgruppe.

15. Was versteht man unter »Abgrenzung nach Arbeitsaufgabe, Entgelthöhe und allgemeinen Arbeitsbedingungen mit Gesamtvergleich«?

Im Bereich der Kunststoffindustrie Ost müssen fünf Bedingungen erfüllt sein, damit der Beschäftigte nicht vom Geltungsbereich des MTV erfasst wird:

- Die Arbeitsaufgabe stellt höhere Anforderungen, als an Tätigkeiten in der höchsten Entgeltgruppe gestellt werden,
- die allgemeinen Arbeitsbedingungen sind im Ganzen gesehen besser als die tariflichen Mindestbedingungen,
- dabei muss auch das Monatsgehalt das entsprechende höchste Tarifgehalt überschreiten,
- dies ist in einem AT-Arbeitsvertrag vereinbart und
- die Mitbestimmung des Betriebsrats gem. § 99 BetrVG ist erfolgt.

MTV der Kunststoffindustrie in den neuen Bundesländern (27.03.2006)
§ 1 Geltungsbereich
Der Tarifvertrag gilt nicht für
a) Angestellte, die unter § 5 Abs. 2, 3, 4 BetrVG fallen;

> b) Angestellte, deren Aufgabengebiet höhere Anforderungen stellt, als die höchste tarifliche Beschäftigungsgruppe verlangt, und deren Entgelt und allgemeine Arbeitsbedingungen im ganzen gesehen alle tariflichen Mindestbedingungen überschreiten und die durch Einzelarbeitsvertrag aus dem Geltungsbereich des Tarifvertrages unter Beachtung der Mitbestimmungsrechte gemäß §§ 99 ff. BetrVG herausgenommen worden sind.
>
> Für die Anwendung dieser Regelung gilt Folgendes:
>
> Das Monatsgehalt muss unabhängig von der Gestaltung der allgemeinen Arbeitsbedingungen das Tarifgehalt der entsprechenden höchsten der K-, T- bzw. M-Gehaltsgruppe überschreiten. Bei Angestellten, die auch Provision beziehen, muss in entsprechender Anwendung von § 5 B Ziffer 3 des Lohn- und Gehaltsrahmentarifvertrages der Monatsbezug im Jahresdurchschnitt das entsprechende Tarifgehalt der höchsten Tarifgruppe überschreiten. Im Übrigen ist ein Gesamtvergleich von Entgelt und allgemeinen Arbeitsbedingungen mit den tariflichen Mindestbedingungen vorzunehmen, bei dem es nicht auf die Überschreitung einzelner manteltariflich geregelter Mindestbestimmungen, wie zum Beispiel der Urlaubsregelung, ankommt.

Der MTV der Kunststoffindustrie erklärt in den letzten Absätzen in § 1, was unter einem Überschreiten der tariflichen Mindestbedingungen in Bezug auf die allgemeinen Arbeitsbedingungen gemeint ist. Es soll ein Gesamtvergleich des AT-Entgelts mit den manteltariflichen Mindestbedingungen wie Urlaub etc. vorgenommen und nicht nur auf einzelne Elemente geschaut werden. Wie dieser Gesamtvergleich in der Praxis aussehen kann, wird unter Frage 16 näher erläutert. Für die Herausnahme von Beschäftigten aus dem Geltungsbereich des MTV der Kunststoffindustrie ist ferner notwendig, dass die Mitbestimmungsrechte des Betriebsrats gem. §§ 99 ff. BetrVG beachtet wurden. Diese Bestimmung erweitert kein Mitbestimmungsrecht des Betriebsrats, sondern ist lediglich ein Hinweis auf bestehende und zu beachtende Mitbestimmungsrechte (siehe Frage 78 ff.). Die Mitbestimmungsrechte des Betriebsrats sind dabei abhängig von der betrieblichen Situation: Eine *Eingruppierung* als AT-Beschäftigter ist logischerweise nur möglich, wenn es eine Entgeltordnung für AT-Beschäftigte gibt. Andernfalls läuft die Mitbestimmung zur Eingruppierung als AT-Beschäftigter leer, da ein anzuwendendes Eingruppierungstableau fehlt. Der Betriebsrat muss aber überprüfen, ob im Einzelvertrag die Voraussetzungen für die Stellung des Beschäftigten als AT-Angestellter erfüllt sind (bspw. ob das Aufgabengebiet höhere Anforderungen stellt, als die höchste tarifliche Beschäftigungsgruppe verlangt) und daher keine Eingruppierung in den Tarifvertrag vorzunehmen ist. Wenn der Betriebsrat aber zu dem Schluss kommt, dass das Aufgabengebiet keine höheren Anforderungen als die höchste tarifliche Beschäftigungsgruppe stellt, hat er die Möglichkeit, der Einstellung bzw. Versetzung der Beschäftigten zuzustimmen, aber gleichzeitig dem Status als AT-Beschäftigter zu widersprechen. Ohne die Zustimmung des Betriebsrates können Beschäftigte nicht aus dem Tarifvertrag herausgenommen werden, ein AT-Arbeitsverhältnis kommt nach dem MTV der Kunststoffindustrie nur mit der Zustimmung des Betriebsrates zustande. Auf jeden Fall hat der Betriebsrat zu einem AT-Entgeltsystem ein erzwingbares Mitbestimmungsrecht mit Initiativrecht nach § 87 Abs. 1 Nr. 10 BetrVG, er kann also die Einführung eines solchen Systems verlangen (siehe Frage 64). Ergänzend zu der Bestimmung, dass Entgelt und allgemeine Arbeitsbedingungen im Ganzen gesehen die tariflichen Mindestbestimmungen überschreiten müssen, spannt der MTV Kunststoffindustrie ein zusätzliches »Sicherheitsnetz« für die AT-Beschäftigten auf, indem er klarstellt, dass das Monatsgehalt der AT-Beschäftigten unabhängig von der Gestaltung der allgemeinen Arbeitsbedingungen das Tarifgehalt der betreffenden höchsten tariflichen Gehaltsgruppe überschreiten muss.

16. Was versteht man unter »Abgrenzung nach Arbeitsaufgabe, Entgelt, allgemeinen Arbeitsbedingungen und Einzelvertrag«?

Im Bereich der chemischen Industrie West und Ost gleichlautend ist Voraussetzung für die Nichtanwendung, ebenso wie bei Frage 14, ein Aufgabengebiet, das höhere Anforderungen als die höchste tarifliche Entgeltgruppe verlangt. Zudem müssen das Entgelt und die Arbeitsvertragsbedingungen »im Ganzen gesehen« die tariflichen Bedingungen überschreiten. Hinzu kommt, dass dies einzelvertraglich vereinbart wird und der Betriebsrat zugestimmt haben muss.

MTV der chemischen Industrie Ost und West (27.06.2024)
§ 1 Geltungsbereich
2. persönlich:
(…) nicht aber für Arbeitnehmer, deren Aufgabengebiet höhere Anforderungen stellt als die höchste tarifliche Beschäftigungsgruppe verlangt und deren Entgelt und allgemeine Arbeitsbedingungen im Ganzen gesehen die tariflichen Mindestbestimmungen überschreiten, wenn sie durch Einzelvertrag aus dem Geltungsbereich des Tarifvertrages unter Mitbestimmung des Betriebsrates gemäß §§ 99 ff. BetrVG herausgenommen worden sind.

Hinsichtlich der Frage, was »im Ganzen gesehen« bei einem konkreten Vergleich bedeutet, ist die Summe aller Sachgruppen, insbesondere Leistungen mit Entgeltcharakter und Arbeitszeit, aus allen Tarifverträgen der Chemischen Industrie zu betrachten. Die Regelung bedeutet somit, dass die unterschiedlichen Sachgruppen saldiert werden können, um die Überschreitung der tariflichen Mindestbedingungen zu bewerten. Diese Bewertung findet zu dem Zeitpunkt statt, zu dem sich Tarifvertrag und einzelvertragliche Abrede erstmals gegenüberstehen. Es muss von vornherein feststehen, dass sich die getroffene Abrede zugunsten der Beschäftigten auswirkt. Für den Vergleich, ob die vertragliche Entgeltregelung günstiger ist als die tarifliche Regelung, ist im Voraus eine Prognose über das zu erzielende Arbeitsentgelt zu erstellen. Für diese Prognoseentscheidung können in der Regel tariflich geregelte Zielentgelte zugrunde gelegt werden, soweit diese auch erzielt werden können.[13] Diese Bewertung ist jedoch keine einmalige Prüfung zum Vertragsschluss, sondern als Dauerregelung angelegt. Jedes Kalenderjahr muss das tatsächlich gezahlte Entgelt das tarifliche übersteigen. Dieser Vergleich dürfte im Einzelfall schwierig werden, wenn bspw. höhere Versorgungsleistungen des Arbeitgebers mit den Gehaltszahlungen verglichen werden sollen. Es ist nicht lediglich das

13 LAG Berlin-Brandenburg 20.8.2013 – 7 Sa 2002/12.

monatliche Fixeinkommen zu berücksichtigen, sondern die gesamte Vergütung, d. h. auch variable, z. B. leistungs- oder erfolgsabhängige Einkommenskomponenten. Ein Mindestabstand zu den tariflichen Entgeltregelungen kann dieser tariflichen Klausel jedoch nicht entnommen werden, die tariflichen Mindestbedingungen müssen nur überschritten werden.

17. Was versteht man unter »Abgrenzung einzig nach Entgelthöhe«?

Es gibt Tarifbereiche (z. B. bei der IG Metall), in denen Beschäftigte aus dem Geltungsbereich des Tarifvertrags herausgenommen werden, wenn ihr »garantiertes« Entgelt (z. B. ohne Boni) das Entgelt der höchsten tariflichen Entgeltgruppe um einen bestimmten Prozentsatz übersteigt, ohne dass auf die Arbeitszeit abgestellt wird. Der erforderliche Abstand ist dabei sehr unterschiedlich. Nach der Rechtsprechung spielt in diesem Fall die Dauer der Arbeitszeit in diesen Tarifverträgen für die Abgrenzung von AT-Angestellten keine Rolle und ist nicht beim Mindestabstand zu berücksichtigen.[14] Danach muss die tarifliche 35-Stunden-Woche nicht in Relation zur 40-Stunden-Woche von AT-Beschäftigten gesetzt werden.

18. Welche Sonderregeln gibt es für den Manteltarifvertrag für akademisch gebildete Angestellte (MTV Akademiker) Chemie West?

Für den Bereich der chemischen Industrie West gibt es den Manteltarifvertrag für akademisch gebildete Angestellte (MTV Akademiker). Der persönliche Geltungsbereich dieses Tarifvertrags ist sehr spezifisch definiert:

14 BAG 21.6.2000 – 4 AZR 793/98.

MTV für akademisch gebildete Angestellte in der chemischen Industrie (West vom 05. 03. 1976 i. d. F. vom 02. 05. 2000)

§ 1 Geltungsbereich

a) Für Angestellte mit abgeschlossener naturwissenschaftlicher oder technischer Hochschulbildung, sofern sie überwiegend eine Tätigkeit ausüben, für welche diese Hochschulbildung Voraussetzung ist. Naturwissenschaftliche oder technische Hochschulbildung ist insbesondere eine solche der Fachrichtungen Chemie, Physik, Ingenieurwissenschaften, Pharmazie, Medizin, Agrarwissenschaften, Architektur, Mathematik und Biologie; die Hochschulbildung ist als abgeschlossen anzusehen, wenn die nach den Studien- und Prüfungsordnungen vorgeschriebene Abschlußprüfung, z. B. Diplom-Prüfung, Staatsexamen, bestanden und die entsprechende Urkunde ausgehändigt ist.
Abgeschlossene Hochschulbildung in diesem Sinne setzt ein Abschlußexamen einer Fakultät oder eines Fachbereiches mit eigenem Promotionsrecht voraus, das seiner Art nach zur Promotion berechtigt und für das nach der Studien- und Prüfungsordnung eine mindestens achtsemestrige Studiendauer ohne Einrechnung etwaiger Praxissemester erforderlich ist; dem steht, sofern ein solches Abschlußexamen im Studiengang nicht vorgesehen ist, die Promotion gleich.*

b) für kaufmännische, technische und andere Angestellte, die aufgrund entsprechender Tätigkeit und Leistung durch Einzelvertrag diesem Tarifvertrag unterstellt sind.

*: Sofern an wissenschaftlichen Hochschulen in bestimmten Studiengängen oder Studienrichtungen nach der Studien- und Prüfungsordnung Abschlußexamina vorgesehen sind, die auch nach weniger als acht Semestern Studiendauer ihrer Art nach unmittelbar zur Promotion berechtigen, sind diese gleichgestellt, wenn diese Studiengänge an den betreffenden wissenschaftlichen Hochschulen schon vor 1972 bestanden haben.

Der akademische Angestellte im Sinne des MTV Akademiker ist also ein besonderes Konstrukt in der chemischen Industrie West, der in anderen Tarifbereichen keine Entsprechung hat. Im tarifrechtlichen Sinne sind diese akademischen Angestellten bezogen auf die Materie des MTV Chemie keine außertariflichen Beschäftigten, da sie in den Geltungsbereich des MTV Akademiker fallen. In einem Teil der Betriebe werden diese Beschäftigten jedoch fälschlicherweise als AT-Beschäftigte bezeichnet. Der MTV Akademiker enthält grundlegende Regelungen zu Arbeitsverhältnissen von akademischen Angestellten. Zur Entgelthöhe werden in § 8 keine konkreten Regelungen getroffen. Hinsichtlich der Arbeitszeit wird auf die »betriebsübliche Arbeitszeit« abgestellt. Notwendige vorübergehende und geringfügige Mehrarbeit sind gem. § 5 nicht gesondert zu vergüten. Der MTV Akademiker schafft außerdem den Rahmen für Altersteilzeit und Altersfreizeiten. Darüber hinaus enthält er Regeln zu Probezeit, Kündigung, Wettbewerbsverbot, Zeugnis, ehrenamtlichen Tätigkeiten, Geheimhaltungspflichten, Urlaub und schließlich ein Schlichtungsverfahren für den Fall von Meinungsverschiedenheiten zwischen den Tarifvertragsparteien. Bei entsprechender Tarifbindung kommen zusätzlich zum MTV Akademiker auch weitere Tarifverträge der Chemischen Industrie zur Anwendung (bspw. TV MoA, TEA, TV Pflege, TV Demo), wenn Beschäftigte nicht entsprechend des jeweiligen Geltungsbereiches aus dem Tarifvertrag herausgenommen wurden. Beschäftigte, die unter den MTV Akademiker fallen, sind abhängig von ihrer Tätigkeit entweder in den oberen Tarifbereich des BETV oder in den AT-Bereich einzugruppieren.

D. Leitende Angestellte

19. Was sind »leitende Angestellte«?

Leitende Angestellte sind Beschäftigte in Unternehmen, die mit wesentlichen Arbeitgeberbefugnissen ausgestattet sind und Führungsaufgaben wahrnehmen. Von ihnen abzugrenzen sind Beschäftigte in Leitungspositionen, wie bspw. Abteilungsleiter. Insofern gibt es im Regelfall deutlich weniger leitende Angestellte als Beschäftigte in Leitungspositionen. Einige arbeitsrechtliche Gesetze, u. a. das Kündigungsschutzgesetz (KSchG) oder das Betriebsverfassungsgesetz (BetrVG), sind auf leitende Angestellte nur teilweise oder gar nicht anwendbar.

20. Welche gesetzlichen Regelungen und Definitionen gibt es von leitenden Angestellten?

Die leitenden Angestellten sind im Betriebsverfassungsgesetz (§ 5 Abs. 3 BetrVG) und etwas abweichend in § 14 Kündigungsschutzgesetz definiert. Geschichtlich betrachtet, wurden die leitenden Angestellten wegen der ihnen übertragenen unternehmerischen (Teil-)Aufgaben und des sich daraus ergebenden Interessengegensatzes gegenüber den anderen Belegschaftsangehörigen aus dem persönlichen Geltungsbereich des BetrVG herausgenommen. Bereits in den 1920er Jahren wurde bspw. im Betriebsrätegesetz festgehalten, dass Personen, die über Einstellung oder Entlassung entscheiden, auf der »Gegenseite« zur Belegschaft stehen. Den leitenden Angestellten werden in großen und mittelgroßen Unternehmen Arbeitgeberfunktionen übertragen, da der Unternehmer diese nicht allein ausüben kann.

§ 5 Abs. 3 Satz 2 BetrVG
Leitender Angestellter ist, wer nach Arbeitsvertrag und Stellung im Unternehmen oder im Betrieb
1. zur selbständigen Einstellung und Entlassung von im Betrieb oder in der Betriebsabteilung beschäftigten Arbeitnehmern berechtigt ist oder
2. Generalvollmacht oder Prokura hat und die Prokura auch im Verhältnis zum Arbeitgeber nicht unbedeutend ist oder
3. regelmäßig sonstige Aufgaben wahrnimmt, die für den Bestand und die Entwicklung des Unternehmens oder eines Betriebs von Bedeutung sind und deren Erfüllung besondere Erfahrungen und Kenntnisse voraussetzt, wenn er dabei entweder die Entscheidungen im Wesentlichen frei von Weisungen trifft oder sie maßgeblich beeinflusst; dies kann auch bei Vorgaben insbesondere aufgrund von Rechtsvorschriften, Plänen oder Richtlinien sowie bei Zusammenarbeit mit anderen leitenden Angestellten gegeben sein.

§ 14 Abs. 2 KSchG
Auf Geschäftsführer, Betriebsleiter und ähnliche leitende Angestellte, soweit diese zur selbständigen Einstellung oder Entlassung von Arbeitnehmern berechtigt sind, finden die Vorschriften dieses Abschnitts mit Ausnahme des § 3 Anwendung. § 9 Abs. 1 Satz 2 findet mit der Maßgabe Anwendung, dass der Antrag des Arbeitgebers auf Auflösung des Arbeitsverhältnisses keiner Begründung bedarf.

Die Gruppe der leitenden Angestellten umfasst somit gem. § 5 Abs. 3 BetrVG und § 14 Abs. 2 KSchG Beschäftigte, die Mitarbeiterinnen und Mitarbeiter selbstständig einstellen und entlassen können, Generalvollmacht oder Prokura haben oder unternehmerische Entscheidungen maßgeblich mitgestalten. Dabei gilt, dass der leitende Angestellte die ihm vertraglich eingeräumten Funktionen auch tatsächlich im Unternehmen oder im Betrieb ausüben muss. Sie werden in der Regel ebenfalls übertariflich bezahlt, in ihrem Status aber von den AT-Angestellten innerhalb des Betriebes unterschieden. So gelten Betriebsvereinbarungen nicht für sie, da sie vom Betriebsrat nicht vertreten werden. Sie haben eine eigene betriebliche Interessenvertretung in Form von Sprecherausschüssen, wenn mindestens zehn leitende Angestellte im Betrieb arbeiten; Sprecherausschüsse bleiben jedoch in ihren Mitwirkungsrechten hinter Betriebsräten zurück.

21. Welche Rechte und Pflichten haben leitende Angestellte?

Leitender Angestellter ist, wer aufgrund eines wesentlichen Teils seiner Tätigkeit sowohl zur selbständigen Einstellung als auch zur selbständigen Entlassung von im Betrieb oder in einer Betriebsabteilung beschäftigten Angestellten berechtigt ist (§ 5 Abs. 2 Nr. 1 BetrVG). Die Einstellungs- und Entlassungsbefugnis muss dabei für einen erheblichen Teil der Arbeitnehmer Gültigkeit haben oder sich auf einen für den Betrieb qualitativ bedeutsamen Personenkreis beziehen. Selbständig sind die Personalentscheidungen, wenn die Berechtigung sowohl im Außenverhältnis zum Arbeitnehmer besteht als auch im Innenverhältnis, der Angestellte also nicht an die Zustimmung des Arbeitgebers oder anderer Stellen im Unternehmen oder Betrieb gebunden ist.[15]

Leitender Angestellter ist auch, wer nach § 5 Abs. 2 Nr. 2 BetrVG Generalvollmacht oder Prokura hat und die Prokura auch im Verhältnis zum Arbeitgeber nicht unbedeutend ist. Damit zählen Angestellte nur dann zu den leitenden Angestellten, wenn sie Prokurist sind und auch im Innenverhältnis uneingeschränkt diese Vertretungsbefugnis ausüben können. Also kann in diesen Fällen ein leitender Angestellter nur angenommen werden, wenn er eine bedeutsame Entscheidungskompetenz ausübt.

Schließlich können Angestellte auch zu den leitenden Angestellten gehören, wenn sie die Voraussetzungen gem. § 5 Abs. 3 Nr. 3 BetrVG erfüllen. Sie müssen also regelmäßig sonstige Aufgaben wahrnehmen, die für den Bestand und die Entwicklung des Unternehmens oder eines Betriebes von Bedeutung sind und deren Erfüllung besondere Erfahrung voraussetzt, wobei sie entweder die Entscheidung im Wesentlichen frei von Weisungen treffen oder sie maßgeblich beeinflussen. Sie übernehmen also unternehmerische Teilaufgaben.

---

15 BAG 25.3.2009 – 7 ABR 2/08.

22. In welchem Verhältnis stehen leitende Angestellte zu Tarifverträgen?

Die leitenden Beschäftigten werden in der Regel aus den Geltungsbereichen der Tarifverträge herausgenommen.

> **Praxisbeispiel:**
> MTV Kunststoffindustrie:
> § 1 Geltungsbereich
> (...) Der Tarifvertrag gilt nicht für
> a) Angestellte, die unter § 5 Abs. 2, 3, 4 BetrVG fallen; (...)

Die Herausnahme aus den Tarifverträgen ist dabei insbesondere mit der Arbeitgeber-Position der obersten Führungskräfte begründet. Sie vertreten das Unternehmen und müssen einen beachtlichen Teilbereich der unternehmerischen Gesamtaufgabe wahrnehmen. Die spezifischen Unternehmeraufgaben müssen der Tätigkeit der Angestellten das Gepräge geben, d. h. diese schwerpunktmäßig bestimmen.[16] Sie sitzen möglicherweise bei Tarifverhandlungen den Gewerkschaftsvertreter gegenüber. Daher ist es denklogisch geradezu zwingend, dass der Tarifvertrag für sie nicht gelten kann. Die Bezeichnung im Arbeitsvertrag als »leitender Angestellter« reicht nicht, um diesen Status zu begründen, erforderlich ist, dass die Bedingungen des § 5 Abs. 3 BetrVG objektiv vorliegen.

23. Welche gesetzlichen Sonderregeln gelten für leitende Angestellte?

Für leitende Angestellte gelten u. a. folgende gesetzliche Sonderregeln:

- Sie sind von den Vorschriften über die Arbeitszeit ausgenommen (§ 18 ArbZG).
- Das BetrVG findet auf sie mit wenigen Ausnahmen keine Anwendung (§ 5 Abs. 3 BetrVG).
- Sie dürfen nur auf Arbeitgeberseite als ehrenamtliche Richter bei den Arbeits- und Sozialgerichten tätig sein (§§ 22, 37, 43 ArbGG, § 16 SGG).

16 Ständ. Rechtspr. BAG 19.11.1974 – 1 ABR 20/73.

- Sie sind zum Sprecherausschuss wahlberechtigt und wählbar (§ 3 SprAuG).
- Sie unterliegen besonderen Vorschriften für den mitbestimmten Aufsichtsrat (§ 11 Abs. 2 MitbestG).
- Ihr Arbeitsverhältnis kann im Kündigungsschutzprozess auf nicht zu begründenden Antrag des Arbeitgebers gegen Zahlung einer Abfindung aufgelöst werden (§ 14 Abs. 2 KSchG).

E. AT-Arbeitsvertragsinhalte: Bedeutende Klauseln

24. Welche Bedeutung hat der Arbeitsvertrag für AT-Beschäftigte?

Beschäftigte werden unter den oben dargestellten Bedingungen (siehe Frage 2ff.) zu »außertariflichen Angestellten bzw. Beschäftigten«, indem sie einen entsprechenden Arbeitsvertrag abschließen. Ob dieser Arbeitsvertrag die Bedingungen des einschlägigen Tarifvertrags erfüllt, beurteilt sich ausschließlich nach der objektiven Rechtslage.[17] Dies kann eine Bedingung sein, wie im »MTV für die Leder erzeugende Industrie« (siehe Frage 14) und allein auf das Aufgabengebiet abstellen, das höhere Anforderungen stellen muss als die höchste Tätigkeitsgruppe. Dieses Aufgabengebiet und die Anforderungen sollte der Arbeitsvertrag inhaltlich umreißen. Es kann aber auch komplexer werden, wie im Geltungsbereich des »MTV Kunststoffindustrie in den neuen Bundesländern« (siehe Frage 15), wo u.a. ein Aufgabengebiet mit höheren Anforderungen als in der höchsten tariflichen Beschäftigungsgruppe zu übertragen ist und gleichzeitig das Entgelt und die allgemeinen Arbeitsbedingungen die tariflichen Mindestbedingungen überschreiten müssen. In solch einem Fall sind alle Arbeitsvertragsinhalte mit den tariflichen Regelungen abzugleichen und so zu formulieren, dass sie materiell oberhalb der tariflichen Regelungen abgebildet werden (siehe Frage 16).

17 BAG 31.10.1995-1 ABR 5/95.

25. Welche inhaltlichen Besonderheiten haben AT-Arbeitsverträge?

In den Arbeitsverträgen finden sich darüber hinaus bei AT-Beschäftigten häufig sehr abweichende Absprachen gegenüber Tarifbeschäftigten. Regelungsmöglichkeiten und Grenzen für diese Absprachen ergeben sich aus dem Vertrags- und Arbeitsrecht. Es ist zu empfehlen, die Arbeitsverträge stets schriftlich abzuschließen und die wesentlichen Vertragsbedingungen zu erfassen. Dies gilt auch deshalb, weil AT-Beschäftigte vom persönlichen Geltungsbereich des NachwG erfasst werden und daher einen Rechtsanspruch auf Mitteilung der wesentlichen Vertragsbedingungen wie z. B. Entgeltbestandteile, zu leistende Tätigkeit, Arbeitszeit, Vergütung von Überstunden, Arbeitsort usw. haben. In einem gewissen Umfang sind Arbeitsvertragsinhalte auch mitbestimmungspflichtig.

26. Unterliegen AT-Arbeitsverträge der AGB-Kontrolle?

Die Arbeitsverträge unterliegen der Inhaltskontrolle gemäß §§ 305 ff. BGB, soweit vorformulierte oder standardisierte Klauseln verwendet werden. Bereits das äußere Erscheinungsbild derartiger Klauseln begründet eine tatsächliche Vermutung, dass vorformulierte Klauseln bzw. Formulararbeitsverträge verwendet worden sind. Das gilt auch für freiwillige Leistungen ohne Rechtsanspruch der Beschäftigten. Auch bei diesen handelt es sich um Vertragsbedingungen i. S. v. § 305 Abs. 1 BGB. AGB-Bestimmungen sind unwirksam, wenn sie den Vertragspartner unangemessen benachteiligen, § 307 Abs. 1 BGB. Eine unangemessene Benachteiligung ist im Zweifel anzunehmen, wenn eine Bestimmung mit wesentlichen Grundgedanken einer gesetzlichen Regelung, von der abgewichen wird, nicht zu vereinbaren ist. Eine unangemessene Benachteiligung liegt auch vor, wenn das sogenannte Gegenseitigkeitsverhältnis oder Äquivalenzverhältnis nicht berücksichtigt wird, wenn also die Arbeitsleistung und die Bezahlung hierfür in einem auffälligen Missverhältnis zueinander stehen. Schließlich sind auch sogenannte Überraschungsklauseln nicht zulässig. Danach werden Textbausteine, die so ungewöhnlich sind, dass der Betroffene mit deren Verwendung nicht zu rechnen braucht, nach § 305c Abs. 1 BGB nicht Vertragsbestandteil. Allgemeine Geschäftsbedingungen in Arbeitsverträgen sind nach der Rechtsprechung nach ihrem objektiven Inhalt und typischen Sinn einheitlich so auszulegen, wie sie von verständigen und redlichen Vertragspartnern unter Abwägung der Interessen der normalerweise beteiligten Verkehrskreise verstanden werden.[18] Ist der Vertragswortlaut nicht eindeutig, kommt es für die Auslegung entscheidend darauf an, wie der Vertragstext aus Sicht der typischerweise an Geschäften dieser Art beteiligten Verkehrskreise zu verstehen ist, wobei der Vertragswille verständiger und redlicher Vertragspartner beachtet werden muss.[19] Bleibt nach Ausschöpfung der Auslegungsmethoden ein nicht behebbarer Zweifel, geht dies gemäß § 305c Abs. 2 BGB zu Lasten des Arbeitgebers.[20]

27. Welchen Einfluss haben Versetzungsklauseln auf AT-Arbeitsverträge?

Die Festlegung des Aufgabengebiets ist ein ganz wesentlicher Bestandteil des Arbeitsvertrags. Da die tariflichen Anforderungen in der Regel die Übertragung von »höherwertigen Aufgaben« oder »über die höchste tarifliche Tätigkeitsgruppe hinaus gehende Anforderungen« voraussetzen, um den Status AT-Beschäftigter erreichen zu können, sollte dies dokumentiert werden. Dabei können Tätigkeits- oder Stellenbeschreibungen als Anlage hinzugefügt werden. Auch das Direktionsrecht des Arbeitgebers ist von der Konkretisierung der Arbeitsaufgaben abhängig. Je konkreter die Aufgaben beschrieben werden, desto einschränkender wirkt sich dies auf das Direktionsrecht aus. Daher wird in diesen Fällen regelmäßig vereinbart, dass der Arbeitnehmer versetzt werden kann. Ohne diese Klausel wäre das aufgrund der Einschränkung des Direktionsrechts nicht möglich. Arbeitsvertragliche Versetzungsvorbehalte brauchen jedoch nicht konkrete Versetzungsgründe benennen.[21] Der Arbeitsort ist grundsätzlich zu bestimmen, denkbar wären auch wechselnde Arbeitsorte.

---

18 St. Rspr. BAG 14.9.2011 – 10 AZR 526/10.
19 Vgl. BAG 19.3.2014 – 10 AZR 622/13.
20 Vgl. BAG 25.8.2010 – 10 AZR 275/09.
21 BAG 11.4.2006 – 9 AZR 557/05.

> **Praxisbeispiel für eine offene, aber wirksame Klausel:**
> »Frau D wird als Chemikerin in der Hauptabteilung X, Abteilung Sonderaufgaben beschäftigt. Das Unternehmen behält sich unter Wahrung der Interessen der Chemikerin die Zuweisung eines anderen Arbeitsgebietes vor.«

Die individualrechtlich geschuldete Bereitschaft, an einem anderen Ort zu arbeiten oder eine andere Tätigkeit auszuüben, hebelt aber die Beteiligung des Betriebsrats bei solchen Versetzungen (siehe Frage 78) nicht aus. Das heißt, dass dessen Zustimmung oder deren Ersetzung durch eine gerichtliche Zustimmung Voraussetzung für eine wirksame Versetzung ist.

28. Wie wird die AT-Vergütung arbeitsvertraglich festgehalten?

Es ist selbstverständlich, dass zumindest die Höhe der regelmäßigen Bezüge im Vertrag festgehalten wird, obwohl diese Angabe nach einiger Zeit durch Gehaltssteigerungen überholt sein wird. Allerdings müssen außertarifliche Beschäftigte, die kraft ihrer Tätigkeit und/oder der Vergütungshöhe nicht mehr unter den persönlichen Geltungsbereich des einschlägigen Tarifvertrags fallen, grundsätzlich davon ausgehen, dass sich der Arbeitgeber seine Entscheidungsfreiheit für die künftige Gehaltsentwicklung erhalten will.[22]

29. Was versteht man unter einem »AT-Vergütungssystem«?

Unter einem AT-Vergütungssystem versteht man die Vereinbarung eines Entgeltsystems für AT-Beschäftigte mit dem Betriebsrat. Diese Vereinbarung kann Regeln für die »Eingruppierung« und die möglichen Steigerungsformen enthalten. Häufig werden Bandbreiten je AT-Stufe vereinbart, in die der Arbeitgeber die AT-Beschäftigten gemäß der Betriebsvereinbarung abhängig von Tätigkeit, Verantwortung und Arbeitsvertrag einstuft.[23]

22 BAG 27.2.2019 – 5 AZR 354/18.
23 Vgl. BAG 24.1.2006 – 1 ABR 60/04.

30. Werden Mehrarbeit und Überstunden bei AT-Beschäftigten besonders abgegolten?

Bei der Gehaltsbemessung muss die von den Beschäftigten erwartete Mehrarbeit berücksichtigt werden, sofern nicht ein Freizeitausgleich durch Freistunden, Urlaub oder anderweitige, einmalige oder wiederkehrende finanzielle Leistungen des Arbeitgebers vorgesehen werden. Es kommt entscheidend darauf an, dass die Gesamtvergütung in einem angemessenen Verhältnis zur Arbeitsleistung der Beschäftigten steht. Klauseln, nach denen Überstunden oder Mehrarbeit »mit dem Gehalt abgegolten sind«, sind rechtlich umstritten: Das BAG sieht eine solche Klausel als intransparent und unwirksam an, wenn unklar ist, welche Arbeitsleistung sich aus dem Vertrag ergibt (siehe Frage 40). Nach ständiger Rechtsprechung des BAG ist eine, die pauschale Vergütung von Überstunden regelnde Klausel nur dann klar und verständlich, wenn sich aus dem Arbeitsvertrag selbst ergibt, welche Arbeitsleistungen in welchem zeitlichen Umfang von ihr erfasst werden sollen. Die Beschäftigten müssen bereits bei Vertragsschluss erkennen können, was ggf. »auf sie zukommt« und welche Leistungen sie für die vereinbarte Vergütung maximal erbringen müssen.[24]

Ähnliches gilt für Provisionen: Die Klausel in einem Arbeitsvertrag, dass vereinbarte Provisionen einseitig durch den Arbeitgeber pauschal gemindert oder neu festgesetzt werden können, ist unwirksam.[25] Der Arbeitgeber muss nachvollziehbar bezeichnen, aus welchen wirtschaftlichen Gründen eine Herabsetzung einer Provision erfolgen soll.

Pauschale Regelungen zu Überstunden in Arbeitsverträgen unterliegen dazu der Mitbestimmung des Betriebsrats gemäß § 87 Abs. 1 Nr. 3 BetrVG, auch wenn eine pauschale Abgeltung vereinbart wurde. Der Betriebsrat hat grundsätzlich vor der Anordnung von Überstunden/Mehrarbeit ein Beteiligungsrecht.

---

24 Vgl. BAG 17.8.2011 – 5 AZR 406/10.

25 BAG 20.2.2008 – 10 AZR 125/07.

31. Welche Bonusregelungen sind bei AT-Beschäftigten möglich?

Bonusregelungen sind geradezu typisch für AT-Arbeitsverträge. Der Unternehmenserfolg und/oder die persönliche Leistung und die Gehaltshöhe werden zueinander in Bezug gebracht. Allerdings häufig mit Freiwilligkeitsvorbehalt und Leistungsbestimmungsrecht durch den Arbeitgeber.

> **Praxisbeispiel:**
> »Der Arbeitnehmer nimmt am jeweils gültigen Bonussystem der Gesellschaft für außertarifliche Angestellte über einen kalenderjährlichen Bonus teil.«
> oder
> »Ein Bonus kann nur dann zur Auszahlung gelangen, wenn und soweit die Gesellschaft insgesamt Mittel zur Ausschüttung von Bonuszahlungen an die Arbeitnehmer der Gesellschaft für das bonusrelevante Kalenderjahr zur Verfügung stellt und der Arbeitnehmer die Voraussetzungen für die Auszahlung bzw. Zuteilung erfüllt.«
> oder
> »Die Zahlung des Bonus erfolgt freiwillig und kann auch nach wiederholter Gewährung nicht zu einer Verpflichtung der Gesellschaft zur Fortsetzung derartiger Zahlungen bzw. Zuteilungen führen.«

Der Arbeitsvertrag gewährt in diesen Fällen den Beschäftigten – unabhängig von der Wirksamkeit des »Freiwilligkeitsvorbehalts« – keinen unbedingten Anspruch auf Zahlung eines Bonus in einer bestimmten Höhe. Der Anspruch für das jeweilige Geschäftsjahr ergibt sich vielmehr erst nach einer Ausübung des Leistungsbestimmungsrechts des Arbeitgebers nach billigem Ermessen (§ 315 BGB).[26] Dieses umfasst sowohl die zur Verfügung stehenden Mittel insgesamt als auch die Höhe des auszuzahlenden Betrags. Werden jedoch für unterschiedliche Gruppen von außertariflich Beschäftigten unterschiedliche Leistungen vorgesehen, so muss dies durch sachliche Gründe bedingt sein, sonst wäre es ein Verstoß gegen den Gleichbehandlungsgrundsatz. Die obige Freiwilligkeitsklausel (3. Beispiel) ist jedoch unwirksam, da sie unklar ist. Einerseits könnte damit gemeint sein, dass eine wiederholte Leistungsgewährung nicht ohne Weiteres zur Fortsetzung »derartiger«, d.h. nach Höhe und Art gleichartiger Leistungen wie in der Vergangenheit, führen soll. Anderseits könnte es eine unangemessene Benachteiligung der Beschäftigten darstellen, wenn der

26 Zulässig nach BAG 19.3.2014 – 10 AZR 622/13; 20.3.2013 – 10 AZR 8/12.

Arbeitgeber von der Leistungsbestimmung für ein bestimmtes Geschäftsjahr ganz absehen dürfte, obwohl der Beschäftigte in diesem Geschäftsjahr seine Arbeitsleistung erbracht hat und die Leistung auch Teil der Gegenleistung für die erbrachte Arbeitsleistung des Beschäftigten war.[27] Bei einer derartigen Unverbindlichkeit der Leistungsbestimmung für den Arbeitgeber kann gemäß § 315 Abs. 3 Satz 2 BGB die Bestimmung der Höhe des Anspruchs für das jeweilige Geschäftsjahr durch Gerichtsurteil erfolgen.[28]
Auch Regelungen in AT-Arbeitsverträgen, die Bonuszahlungen an ein ungekündigtes Arbeitsverhältnis zu einem bestimmten Stichtag binden, unterliegen der Inhaltskontrolle. Ein typischer Vorbehalt könnte so lauten:

> »Der Anspruch auf Zahlung eines Bonus entfällt, wenn Sie am 1. April des Auszahlungsjahres nicht mehr in einem ungekündigten Arbeitsverhältnis mit unserem Hause stehen.«

Ein Stichtag mit der Bindung bis zum 30. September des Folgejahres ist nach der Rechtsprechung zu weit gefasst. Ein früherer Stichtag (1. April) ist auch nicht in Ordnung, wenn der Bonus mehr als 25 % des Jahreseinkommens beträgt. Diese Regelung ist unwirksam. Der Ausgangspunkt für diese Rechtsprechung ist, dass Stichtagsklauseln im Widerspruch zum Grundgedanken des § 611 Abs. 1 BGB stehen, indem sie den Beschäftigten bereits erarbeiteten Lohn entziehen. Sie verkürzen außerdem in nicht zu rechtfertigender Weise die nach Art. 12 Abs. 1 GG geschützte Berufsfreiheit der Beschäftigten, weil sie die Ausübung des Kündigungsrechts unzulässig erschweren.[29]
Darüber hinaus sind Zielvorgaben, die Grundlage eines Bonus sind, vom Arbeitgeber rechtzeitig bekannt zu machen. Beschäftigte müssen schließlich wissen, welche Ziele zu erreichen sind und sie müssen sie zeitlich erreichen können.
Unabhängig von den individualrechtlich zulässigen Regeln, sind Bonussysteme im Unternehmen mitbestimmungspflichtig. Werden variable Leistungen über das (außer-)tarifliche Gehalt hinaus versprochen, sind die Mitbestimmungstatbestände des § 87 Abs. 1 Nr. 10 oder Nr. 11 BetrVG zu beachten (siehe Frage 64).

27 Vgl. BAG 13.5.2015 – 10 AZR 266/14.
28 BAG 11.12.2013 – 10 AZR 364/13.
29 BAG 18.1.2012 – 10 AZR 612/10.

32. Können AT-Beschäftigte ihr Gehalt prüfen lassen?

AT-Beschäftigte erhalten keine Tariferhöhungen. Sie haben aber einen Rechtsanspruch auf regelmäßige Überprüfung und Anpassung ihrer Gehälter, wenn auf Grund der einschlägigen tarifvertraglichen Abgrenzungsregelung ein Überschreiten des höchsten Tarifgehalts Voraussetzung für die Begründung eines AT-Vertragsverhältnisses ist.[30] Die vertragliche Vereinbarung des AT-Status wirkt in die Zukunft und verpflichtet den Arbeitgeber, den AT-Status auch künftig zu erhalten. Die AT-Beschäftigten stehen mit dem Anspruch auf Überprüfung allerdings allein da und müssen die konkrete Gehaltserhöhung mit dem Arbeitgeber selbst verhandeln.

> **Praxisbeispiel einer typischen Regelung aus einem AT-Vertrag:**
> »Ihre Vergütung setzt sich aus einer Fixvergütung sowie einem variablen Vergütungsbestandteil (Bonus) zusammen.
> Die Höhe der Vergütung richtet sich nach der von Ihnen ausgeübten Funktion, ihrer Zuordnung zu einer Verantwortungsebene und der Einordnung in die der Verantwortungsebene zugeordneten Gehaltsbänder (Gesamtgehaltsband, Fixgehaltsband, variables Gehaltsband).
> Ihre Vergütung wird jährlich überprüft.«

33. Gilt der Gleichbehandlungsgrundsatz auch bei AT-Beschäftigten?

Erhöht der Arbeitgeber durch eine betriebseinheitliche Regelung die Gehälter der außertariflichen Beschäftigten, so hat er den Grundsatz der Gleichbehandlung zu beachten. Ausnahmen von der generellen Gehaltserhöhung dürfen nicht ohne sachgerechte Erwägungen erfolgen. Hat ein Teil der außertariflichen Beschäftigten eine Gehaltserhöhung erhalten, können hiervon ausgenommene außertarifliche Beschäftigte vom Arbeitgeber Auskunft über die hierfür verwendeten Regeln verlangen.[31] Im Arbeitsverhältnis besteht nämlich eine aus § 242 BGB abgeleitete Nebenpflicht zur Auskunftserteilung, wenn die Auskunft zur Geltendmachung eines Leistungsanspruchs erforderlich ist, für den Vertragspartner keine

30 BAG 11.2.1998 – 5 AZR 126/97.
31 LAG Rheinland-Pfalz 12.5.2016 – 5 Sa 408/15.

übermäßige Belastung bedeutet und die gesetzliche Verteilung der Darlegungs- und Beweislast im Prozess gewahrt bleibt.
Der allgemeine Gleichbehandlungsgrundsatz (Art. 3 GG) kommt nur eingeschränkt zur Anwendung, wenn es sich um individuell vereinbarte Entgelte handelt und der Arbeitgeber lediglich einzelne Beschäftigte besserstellt. Ist die Anzahl der begünstigten Beschäftigten im Verhältnis zur Gesamtzahl der betroffenen Beschäftigten sehr gering (BAG: weniger als 5 % der insgesamt betroffenen Beschäftigten), können nicht begünstigte Beschäftigte aus dem Gleichbehandlungsgrundsatz keinen Anspruch auf Vergütung herleiten.[32] Sonst gilt nach der Rechtsprechung des BAG, dass der Arbeitgeber bei der Frage, ob und ggf. in welcher Höhe er die Gehälter von AT-Beschäftigten erhöhen will, jeweils eine Fülle von auf die gesamtwirtschaftliche Lage, auf die wirtschaftliche Situation und die Gehaltspolitik seines Unternehmens sowie auf das Arbeitsverhältnis der einzelnen Beschäftigten bezogenen Gesichtspunkten in Betracht zu ziehen und gegeneinander abzuwägen hat.[33] Nur innerhalb der Gruppe der AT-Beschäftigten wären dann sachliche Gründe für eine Ungleichbehandlung nötig.[34]

34. Gilt das Diskriminierungsverbot auch für AT-Beschäftigte?

Hinsichtlich einer möglichen Ungleichbehandlung von außertariflich beschäftigten Frauen und Männern finden außerdem die Regeln des AGG und des Entgelttransparenzgesetzes Anwendung. Dieses Gesetz muss aufgrund der EU-Entgelttransparenzrichtlinie bis Mitte 2026 in das deutsche Recht umgesetzt werden. Damit einher gehen erweiterte Informationspflichten des Arbeitgebers und eine Stärkung der Rechte der Beschäftigten zur Durchsetzung des Entgeltgleichheitsgebots. Auf keinen Fall darf die individuell unterschiedliche Bezahlung diskriminierend sein. So begründet der Umstand, dass ein Arbeitgeber Kollegen des anderen Geschlechts für die gleiche oder eine gleichwertige Arbeit ein höheres Entgelt zahlt, regelmäßig die Vermutung im Sinne von § 22 AGG, dass die Entgeltungleichbe-

32 BAG 13.2.2002 – 5 AZR 713/00.
33 BAG 27.2.2019 – 5 AZR 354/18.
34 BAG 24.10.2018 – 10 AZR 285/16.

handlung wegen des Geschlechts erfolgt.[35] Das kann zwar durch sachliche, diskriminierungsfreie Gründe widerlegt werden. Diese müssen aber vom Arbeitgeber nachvollziehbar dargestellt werden. Zur Geltendmachung des Anspruchs reicht es aus, wenn dargelegt wird, dass ein Beschäftigter des anderen Geschlechts mehr verdient als der Anspruchsteller. Eine Diskriminierung liegt bereits dann vor, wenn ein Beschäftigter ohne Grund mehr verdient als ein anderer in gleicher Position, selbst wenn die Vergleichsgruppe größer ist.

35. Sind Bezugnahmeklauseln auf Tarifverträge für AT-Beschäftigte möglich?

Auch wenn die AT-Beschäftigten aus dem jeweiligen MTV herausgenommen wurden, kann der Arbeitgeber einzelne Tarifbestimmungen oder ganze Tarifverträge dennoch per Arbeitsvertrag als verbindlich vereinbaren. Solche Bezugnahmeklauseln auf einen Tarifvertrag sind im Arbeitsrecht weit verbreitet. Sie entsprechen der üblichen Regelungstechnik und dienen den Interessen beider Parteien eines auf die Zukunft gerichteten Arbeitsverhältnisses.[36] Eine dynamische Verweisung auf andere Regelungswerke führt für sich genommen nicht zur Intransparenz der Regelung i. S. v. § 307 Abs. 3 Satz 2 i. V. m. Abs. 1 Satz 2 BGB.

36. Welche Arten von Bezugnahmeklauseln gibt es?

Gebräuchlich ist eine dynamische Verweisung auf einen Tarifvertrag bzw. ein Tarifwerk. Kennzeichen ist der Zusatz »in der jeweils gültigen Fassung« oder Ähnliches. Damit werden Änderungen des Tarifs ebenfalls in das Arbeitsverhältnis der AT-Beschäftigten übernommen.

> **Praxisbeispiel einer dynamischen Klausel:**
> »Dem Arbeitsverhältnis liegt der Manteltarifvertrag der chemischen Industrie (West) in der jeweils geltenden Fassung zugrunde.«

---

35 BAG 16.2.2023 – 8 AZR 450/21.
36 BAG 19.3.2014 – 10 AZR 622/13.

Nach der ständigen Rechtsprechung des BAG ist die pauschale Bezugnahme im Arbeitsvertrag auf tarifliche Vergütungsbestimmungen ohne Nennung fester Beträge und ohne Angabe einer konkret nach Datum festgelegten Fassung des in Bezug genommenen Tarifvertrags regelmäßig dynamisch zu verstehen. Wird im Arbeitsvertrag auf einen konkreten Tarifvertrag Bezug genommen, ohne dass der Zusatz »in der jeweiligen Fassung« oder Ähnliches vereinbart worden ist, bleibt diese Bindung an die konkret genannte Tarifregelung erhalten. Folge ist, dass es auch bei einem Wechsel des Arbeitgebers von einem Tarifverband zu einem anderen Tarifverband oder gar bei Aufgabe der Tarifvertragsbindung, bei der Bezugnahme auf den genannten Tarifvertrag verbleibt.[37]
Daneben gibt es eine statische Bezugnahme. Diese ist durch Formulierungen wie »in der aktuellen Fassung« oder »in der Fassung vom ...« gekennzeichnet. In diesem Falle werden Änderungen des Tarifvertrages nicht im Arbeitsverhältnis wirksam.

Praxisbeispiel einer statischen Klausel:
»Soweit in diesem Anstellungsvertrag nichts anderes geregelt ist, gilt für das Anstellungsverhältnis der Manteltarifvertrag der chemischen Industrie (West) vom 2.2.2016.«

37. Welchen Einfluss hat ein Betriebsübergang auf die tarifliche Bezugnahme?

Bei Betriebsübergängen fällt für tarifgebundene Beschäftigte, die einer Gewerkschaft angehören, die bisherige Tarifbindung weg, wenn der neue Arbeitgeber mit ihrer Gewerkschaft eine andere Tarifbindung vereinbart hat. Das BAG hat entschieden, dass eine konkrete dynamische Verweisung auf einen bestimmten Branchentarifvertrag diesen Wechsel für individualrechtlich gebundene Beschäftigte nicht vorsieht. Wer somit nicht in der Gewerkschaft ist und im Arbeitsvertrag die Bindung an einen bestimmten Branchentarifvertrag hat, soll diesen behalten. Argument des BAG ist, dass die Arbeitgeber die Möglichkeit haben, entsprechende Tarifwechselklauseln in den Arbeitsverträgen vorzusehen.[38] Diese tarifliche Bindung kann

37 BAG 19.9.2007 – 4 AZR 710/06.
38 BAG 29.8.2007 – 4 AZR 765/06.

der Arbeitgeber auch nicht mehr einseitig, etwa durch Änderungskündigung, beseitigen. Das bloße Interesse eines tarifgebundenen Arbeitgebers, die Arbeitsbedingungen der im Betrieb beschäftigten Arbeitnehmer zu vereinheitlichen, ist nach Ansicht des BAG kein Kündigungsgrund i. S. d. KSchG. Es fehlt an einem (dringenden) betrieblichen Erfordernis.[39] Der Arbeitgeber kann Beschäftigten, mit denen er individualvertraglich günstigere oder vollkommen andere Regelungen vereinbart hat, als dies dem allgemeinen betrieblichen oder tariflichen Niveau entspricht, ihre Rechtsstellung nicht unter Berufung auf den allgemeinen Gleichbehandlungsgrundsatz entziehen, weil dieser der Begründung von Rechten und nicht deren Einschränkung dient.

38. Welchen Einfluss haben Anrechnungsklauseln auf die tarifliche Bezugnahme?

Häufig finden sich in Arbeitsverträgen mit einer Bezugnahme auf einen Tarifvertrag auch Anrechnungsklauseln. Einerseits kann eine Bezugnahme so gestaltet sein, dass eine tarifliche Entgelterhöhung sich analog auf das außertarifliche Entgelt auswirkt, andererseits aber auch so, dass eine vollständige oder teilweise Verrechnung erfolgt. Die Klausel, wonach freiwillige Leistungen »jederzeit unbeschränkt« widerrufen werden können, ist jedoch unwirksam (siehe Frage 26). Der Arbeitgeber ist an den arbeitsrechtlichen Grundsatz der Gleichbehandlung gebunden, wenn er nach von ihm gesetzten allgemeinen Regeln freiwillige Zahlungen leistet. Er kann nicht einfach beliebig Beschäftigte von diesen Leistungen ausnehmen. Ein Herausnehmen aus dem Kreis der Anspruchsberechtigten ist nur mit sachlichen Gründen gerechtfertigt.[40] Schließlich ist bei diesen Anrechnungsklauseln auch zu beachten, dass die Voraussetzungen für den AT-Status nicht entfallen, dass also das Entgelt nicht auf Tarifniveau fällt.

39 BAG 8.10.2009 - 2 AZR 235/08.
40 BAG 28.3.2007 - 10 AZR 261/06.

39. Wie wird die Arbeitszeit in AT-Arbeitsverträgen geregelt?

Wird im Arbeitsvertrag keine ausdrückliche Vereinbarung über die Dauer der Arbeitszeit getroffen, so ist nach der Rechtsprechung anzunehmen, dass die Parteien die betriebsübliche Arbeitszeit vereinbaren wollten. Der Arbeitgeber ist zwar nach § 2 NachwG verpflichtet, spätestens am ersten Arbeitstag die vereinbarte Arbeitszeit auszuhändigen, aber erfahrungsgemäß geschieht dies häufig nicht. Auch bei einem AT-Arbeitsvertrag wird ein »Arbeitsverhältnis« begründet und die AT-Beschäftigten schulden nicht die Erbringung von einzelnen Tätigkeiten oder ein bestimmtes Ergebnis. Nicht der Erfolg, sondern die Zeit ist das wesentliche Maß für die Arbeitsleistung, sofern nichts anderes vereinbart wird. Die tariflichen Regelungen wirken sich nicht auf den Inhalt des Arbeitsvertrages der AT-Beschäftigten aus, da sie aus dem Geltungsbereich herausgenommen wurden. Ist aber im Arbeitsvertrag des AT-Beschäftigten vereinbart, dass die Arbeitszeit sich nach der betrieblichen Arbeitszeit richtet, dann gilt eine ggf. tariflich verkürzte Wochenarbeitszeit auch für ihn.[41]

> **Praxisbeispiel:**
> »Die Arbeitszeit richtet sich nach den allgemeinen betrieblichen Regelungen und nach den Erfordernissen des Betriebes.«

Häufig wird im AT-Bereich Vertrauensarbeitszeit vereinbart. Das bedeutet nicht, dass keine geschuldete Arbeitszeit festgelegt wird. Der Arbeitgeber verzichtet lediglich auf sein Direktionsrecht und die Kontrolle bezüglich der Lage und Verteilung der Arbeitszeit. Vertrauensarbeitszeit bedeutet keine Verlängerung der geschuldeten Arbeitszeit. Eine Erfassung der Arbeitszeit hat zu erfolgen. Die Beschäftigten überwachen bei Vertrauensarbeitszeit selbst den Freizeitausgleich und den Umgang mit Überstunden. Das Arbeitszeitgesetz gilt auch ohne ausdrücklichen Hinweis immer. Insbesondere gelten die tägliche und wöchentliche Höchstarbeitszeit, sowie die Ruhezeit und die zwingende Pausenregelung. Verstoßen einzelne Regeln des Arbeitsvertrags gegen Bestimmungen des Arbeitszeitgesetzes, so hat dies deren Teilnichtigkeit zur Folge.

41 BAG 9.12.1987 – 4 AZR 584/87.

Enthält der vorgefertigte Arbeitsvertrag bspw. Regelungen zur Lage und Verteilung der Arbeitszeit, so ist dies vom Betriebsrat nicht einfach hinzunehmen, sondern gemäß § 87 Abs. 1 Nr. 2 BetrVG mitbestimmungspflichtig. Der Betriebsrat ist also vor Abschluss zu beteiligen. Der Arbeitgeber ist verpflichtet, die Arbeitszeiten zu kontrollieren und Arbeitszeiten täglich zu erfassen (§ 3 Abs. 2 Nr. 1 ArbSchG) oder erfassen zu lassen. Arbeitgeber müssen ein objektives, verlässliches und zuverlässiges System[42] einführen, mit dem die geleistete Arbeitszeit der Beschäftigten erfasst wird. Der Betriebsrat ist dabei entsprechend nach § 87 Abs. 1 Nr. 7 BetrVG zu beteiligen.

40. Welche Öffnungsklauseln gibt es für Mehrarbeit und Vergütung?

Mehrarbeit ist zu leisten, wenn dies vertraglich oder tariflich vereinbart ist. Die Öffnungsklauseln für Mehrarbeit in AT-Arbeitsverträgen enthalten zumeist wesentliche Grundgedanken der gesetzlichen und tariflichen Regelungen, da auf die »Erforderlichkeit« der Mehrarbeit abgestellt wird, sodass diese Klausel bei der Verpflichtung zur Ableistung von Mehrarbeit i. d. R. wirksam ist.

> **Praxisbeispiel einer wirksamen Regelung:**
> »Die Angestellte verpflichtet sich, ihre volle Arbeitskraft der Firma zu widmen und, soweit erforderlich, auch über die betriebsübliche Arbeitszeit hinaus tätig zu werden.«

Davon zu unterscheiden ist die Wirksamkeit einer Klausel hinsichtlich der Vergütung von Mehrarbeit. Diese unterliegen besonderen Regelungen (siehe Frage 41).

> **Praxisbeispiel:**
> »Mit diesen Bezügen einschließlich ggf. geleisteter Sonderzahlungen sind alle Ansprüche auf Mehrarbeitsvergütung sowie Sonn-, Feiertags- und Nachtarbeitszuschläge abgegolten.«

42 EuGH 14. 5. 2019 – C-55/18; siehe auch *Spengler*, AiB 9/19, 29.

41. Sind Abgeltungsklauseln für Mehr-, Überarbeit oder Überstunden wirksam?

Eine Vereinbarung, wonach etwaige Mehr-, Überarbeit oder Überstunden nicht gesondert bezahlt, sondern durch die Grundvergütung mit abgegolten sind, ist grundsätzlich möglich, jedoch häufig unwirksam, weil nicht klar und verständlich formuliert wird.[43] Sie ist nur dann klar und verständlich, wenn sich aus dem Arbeitsvertrag selbst ergibt, welche Arbeitsleistungen in welchem zeitlichen Umfang von ihr erfasst werden sollen. Die Beschäftigten müssen bereits bei Vertragsschluss erkennen können, was gegebenenfalls »auf sie zukommt« und welche Leistung sie für die vereinbarte Vergütung maximal erbringen müssen. Es ist aufgrund des Gebotes der Klarheit und Transparenz nach § 307 Abs. 1 Satz 2 BGB unabdingbar, dass deutlich wird, welcher Vergütungsteil sich auf die Überstunden bezieht. Eine Vergütung für Überstunden ist aber nur dann vorgesehen, wenn dies im Arbeitsvertrag geregelt oder nach § 612 Abs. 1 BGB diese stillschweigend vereinbart ist. Das ist dann der Fall, wenn eine sog. Vergütungserwartung besteht. Diese bemisst sich nach objektiven Kriterien und kann sich daraus ergeben, dass für vergleichbare Beschäftigte in einem anwendbaren Tarifvertrag eine Überstundenvergütung (nicht Zuschläge) vorgesehen ist. Die Vergütungserwartung kann aber fehlen, wenn Dienste höherer Art (wie bei Rechtsanwälten oder Chefärzten) zu leisten sind, oder das Gehalt über der Beitragsbemessungsgrenze der Rentenversicherung liegt.

Das BAG hat die Überlegung geäußert, dass bei einem außergewöhnlich hohen Gehalt eine Abgeltung der Überstunden durch das Monatsgehalt auch ohne formulierte Obergrenze denkbar ist, wenn das Gehalt über der Beitragsbemessungsgrenze in der Rentenversicherung (2025: 96 600 Euro) liegt. Das ist jedoch ein frei gewählter Wert. Denkbar wäre auch ein Vergleich mit § 5 Abs. 4 Nr. 4 BetrVG: dem dreifachen Wert der Bemessungsgrenze im Krankenversicherungsrecht – dieser Wert liegt vom Jahresgehalt her ca. 37 000 Euro höher. Gegen die Zulässigkeit der pauschalen Abgeltung der gesetzlich zulässigen Überstunden sprechen allerdings die grundsätzlichen Überlegungen des BAG zur pauschalen Abgeltung von Nachtarbeitszuschlägen. Dabei sind die wechselseitigen Interessen und das

43 Vgl. BAG 22.2.2012 – 5 AZR 765/10.

sogenannte »Gegenseitigkeitsverhältnis« oder »Äquivalenzverhältnis« zu berücksichtigen. Also die Interessen an Arbeitsleistung einerseits und an Bezahlung andererseits. Bei einer nicht weiter begrenzten Klausel in einem Arbeitsverhältnis mit einer betriebsüblichen Arbeitszeit von z. B. 38 Wochenstunden könnte der Arbeitgeber eine Leistung von durchschnittlich bis zu 48 Wochenstunden (§ 3 ArbZG) verlangen und damit das Gegenleistungsverhältnis um mehr als 25 % verschieben. Dieser Einbruch in das synallagmatische Verhältnis (Gegenseitigkeitsverhältnis), dem eine feste oder die betriebsübliche Arbeitszeit zugrunde gelegt worden ist, benachteiligt die Beschäftigten nach Ansicht des BAG unangemessen. Festzuhalten ist, dass die Klauseln zur pauschalen Abgeltung von Mehrarbeit in Arbeitsverträgen nach § 307 Abs. 1 BGB unwirksam sind, wenn sie die Beschäftigten wegen des Fehlens einer Höchstgrenze etwaiger Überstunden oder wegen des nicht erkennbaren Verhältnisses zwischen dem Gehalt für die normale Tätigkeit und dem zusätzlichen Entgelt für etwaige Überstunden unangemessen entgegen Treu und Glauben benachteiligen. Diese Benachteiligung wird umso deutlicher, je näher das AT-Gehalt am höchsten Tarifgehalt liegt. Auf der anderen Seite wird die Benachteiligung umso kleiner, je weiter die Höhe des Gehalts das höchste Tarifgehalt übersteigt.

42. Gilt die gesetzliche Höchstarbeitszeit auch für AT-Beschäftigte?

Die gesetzliche Höchstarbeitszeit gilt auch für AT-Beschäftigte. Lediglich leitende Angestellte sind von der Geltung des ArbZG ausgenommen, § 18 Abs. 1 Nr. 1 ArbZG. Offen gelassen wurde vom BAG aber, ob es möglich ist, durch entsprechende Klauseln eine pauschale Abgeltung der Überstunden bis zur Grenze der gesetzlich zulässigen Arbeitszeit vorzunehmen. Eine solche Vereinbarung, wonach sämtliche Überstunden durch das bezahlte Bruttogehalt abgegolten werden, erfasst nach ihrem Sinn und Zweck nur die gesetzlich zulässigen Überstunden, also bis zur Grenze des § 3 ArbZG.[44] Für darüber hinaus geleistete Überstunden (möglich zum Beispiel im Rahmen der Ausnahmeregeln der § 14 und 15 des Arbeitszeit-

44 BAG 28.9.2005 – 5 AZR 52/05.

gesetzes) können Beschäftigte daher eine gesonderte Vergütung erwarten und verlangen.[45]
Pauschale Regelungen zu Überstunden in Arbeitsverträgen unterliegen hinsichtlich der späteren Konkretisierung – Anordnung – von Überstunden/Mehrarbeit der Mitbestimmung des Betriebsrats gemäß § 87 Abs. 1 Nr. 3 BetrVG.

43. Dürfen AT-Beschäftigte Nebentätigkeiten ausüben?

Die Ausübung von Nebentätigkeiten wird in AT-Verträgen häufig eingeschränkt. Ebenso häufig fehlt es aber an der nötigen Transparenz, weil nicht deutlich wird, dass die Betroffenen einen Anspruch auf Zustimmung zur Aufnahme – auch entgeltlicher – Nebentätigkeiten haben, sofern die betrieblichen Interessen dadurch nicht beeinträchtigt werden.

> **Praxisbeispiel für eine unwirksame Klausel:**
> »Eine Nebenbeschäftigung bedarf der Zustimmung des Arbeitgebers.«

Die vorstehende Klausel stellt die Aufnahme einer Nebentätigkeit generell unter Erlaubnisvorbehalt. Die Beschäftigten – auch AT-Beschäftigte – haben aber Anspruch auf Zustimmung des Arbeitgebers, wenn die Aufnahme der Nebentätigkeit betriebliche Interessen nicht beeinträchtigt (weil sie beispielsweise nur geringfügig ist und die Arbeitsleistung nicht mindert und keine Konkurrenztätigkeit darstellt).[46] Der entsprechende Hinweis darf in der Klausel nicht fehlen.

44. Gelten die gesetzlichen Regelungen des Bundesurlaubsgesetzes (BUrlG) auch für AT-Beschäftigte?

Die Bestimmungen des Bundesurlaubsgesetzes sind auch bei AT-Beschäftigten mindestens einzuhalten. Dies sind 24 Arbeitstage bei einer

45 LAG Düsseldorf 23.9.2020 – 14 Sa 296/20.
46 BAG 11.12.2001 – 9 AZR 464/00.

Sechstagewoche. Schwerbehinderte Menschen haben gemäß § 125 SGB IX einen Anspruch auf fünf zusätzliche bezahlte Urlaubstage im Jahr. Weitergehende Urlaubsansprüche werden häufig von denen des gesetzlichen Anspruchs textlich abgesetzt und ausdrücklich vereinbart. Für diese kann, unabhängig von der Rechtsprechung zur Übertragbarkeit und zum Verfall von Urlaub, die Nichtübertragbarkeit ins Folgejahr vorgesehen werden. In manchen Arbeitsverträgen finden sich dazu weitere von vornherein bestimmte Urlaubsgrundsätze. Dass beispielsweise Urlaub zu bestimmten Zeiten nicht genommen werden kann oder eine Mindestzeit während der Betriebsferien genommen werden muss.
Diese Regelungen sind gemäß § 87 Abs. 1 Nr. 5 BetrVG mitbestimmungspflichtig. Sofern allerdings bereits über Urlaubsgrundsätze eine mitbestimmte Regelung im Betrieb vorhanden ist, kann diese arbeitsvertraglich ohne erneute Mitbestimmung umgesetzt werden.

45. Wie wirken sich Rückzahlungsklauseln für Ausbildungs- und Fortbildungskosten auf AT-Beschäftigte aus?

Grundsätzlich sind arbeitsvertragliche Vereinbarungen über die Rückzahlung von Ausbildungs- und Fortbildungskosten im Falle einer vorzeitigen Beendigung des Arbeitsverhältnisses durch die Beschäftigten zulässig. Eine Rückzahlungsklausel muss mindestens den Umfang und die Berechnungsgrundlagen der ggf. zu erstattenden Kosten angeben, sonst können die Beschäftigten ihr Rückzahlungsrisiko nicht ausreichend abschätzen und die Klausel wäre unwirksam.[47] Eine Rückzahlungsklausel, die sich auf Ausbildungskosten bezieht, die ausschließlich der Einarbeitung auf einen bestimmten Arbeitsplatz dienen, ist unwirksam. Bei dem Arbeitsgeber liegt in diesem Fall kein billigenswertes oder anzuerkennendes Interesse auf Rückzahlung vor. Ist die Erstattungsklausel insgesamt wirksam, kann jedoch noch die Fälligkeitsklausel unwirksam sein. Klauseln, die sich auf das Ende des Arbeitsverhältnisses beziehen, sind nicht dahingehend auszulegen, dass dies der Zugang der Kündigungserklärung ist. Oft ist die

47 BAG 6.8.2013 – 9 AZR 442/12.

Höhe der Rückzahlungsbeträge von einer bestimmten Zeitspanne abhängig. In diesen Fällen ist die Kündigungsfrist mit einzubeziehen.[48]

> **Praxisbeispiel für eine Klausel ohne Einbeziehung der Kündigungsfrist:**
> »Die Rückzahlungsverpflichtung entsteht (gestaffelt nach Jahren), wenn das Arbeitsverhältnis vorzeitig gekündigt wird.«

Es kommt nicht darauf an, wer die Kündigung ausspricht. Wesentlich für die Wirksamkeit einer Rückzahlungsklausel ist die Berücksichtigung der Sphäre, aus welcher der Grund für die Beendigung stammt. So kann auch der Arbeitgeber durch sein Verhalten eine Kündigung herbeiführen oder niemand die Undurchführbarkeit des weiteren Arbeitsverhältnisses zu verantworten haben, so z. B. bei Krankheit.

> **Praxisbeispiel für eine unwirksame Klausel:**
> »Die Rückzahlungsverpflichtung entsteht (gestaffelt nach Jahren), wenn das Arbeitsverhältnis vorzeitig beendet wird.«
> »... insbesondere, wenn ein Mitarbeiter das Arbeitsverhältnis selbst kündigt oder wenn das Arbeitsverhältnis vom Unternehmen gekündigt wird.«

Die Bestimmung unterscheidet nicht danach, ob der Grund für die Beendigung des Arbeitsverhältnisses durch Eigenkündigung der Sphäre des Arbeitgebers oder der Beschäftigten zuzuordnen ist. Sie sieht eine Rückzahlungspflicht im Falle der Eigenkündigung ohne Ausnahme vor, also auch dann, wenn die Beendigung des Arbeitsverhältnisses durch den Arbeitgeber (mit)veranlasst wurde, z. B. durch Eigenkündigung des Beschäftigten wegen eines vertragswidrigen Verhaltens des Arbeitgebers. Das führt zu einer unangemessenen Benachteiligung der Beschäftigten.[49] Insgesamt stellt sich das BAG auf den Standpunkt, dass eine in Teilen unwirksame Klausel nicht auf den wirksamen Teil reduziert werden kann. Damit ist die Klausel insgesamt wirksam oder unwirksam.[50] Wirksame Rückzahlungsklauseln setzen voraus, dass die Rückzahlungspflicht und die im Gegenzug geforderte Betriebstreue in einem angemessenen Verhältnis stehen müssen. Werden den Beschäftigten nach einer Qualifizierung

48 BAG 18.11.2004 – 6 AZR 651/03.
49 BAG 9.7.2024 – 9 AZR 227/23.
50 BAG 23.1.2007 – 9 AZR 482/06.

und Ausbildung keine Arbeitsaufgaben zugewiesen, die der Ausbildung entsprechen, so verliert die Verpflichtung zur Betriebstreue ebenfalls ihre Wirksamkeit. Den Beschäftigten ist dann nicht zuzumuten, eine nicht qualifikationsgerechte Beschäftigung auf Dauer auszuüben.[51] Der Arbeitsvertrag bleibt aber darüber hinaus unberührt.

46. Gelten tarifvertragliche Regelungen zur Altersteilzeit auch für AT-Beschäftigte?

Soweit tarifvertragliche Regelungen zur Altersteilzeit bestehen, gelten sie nicht für AT-Beschäftigte. Etwas anderes gilt, wenn AT-Beschäftigte in den Geltungsbereich aufgenommen wurden. Das Verhältnis Altersteilzeit und Altersfreizeit ist ein besonderes. Für Akademiker im Geltungsbereich des MTV Akademiker Chemie gilt die Regelung zur Altersteilzeit in § 5 Abs. 5. Außerdem werden in § 5 Abs. 4 MTV Akademiker »Alters*frei*zeiten« geregelt. Auf Beschäftigte, die eine Altersteilzeit nach § 5 Abs. 5 MTV Akademiker vereinbart haben (unabhängig ob Block- oder Teilzeitmodell), können die Regelungen zur Alters*frei*zeit allerdings nicht angewendet werden, da diese mit § 5 Nr. 5 Satz 3 MTV Akademiker vom Anspruch ausgenommen wurden, was wirksam ist.[52]
Die AT-Beschäftigten können auch in Betriebsvereinbarungen zur Altersteilzeit einbezogen werden oder individuell Altersteilzeit mit dem Arbeitgeber vereinbaren. Allerdings ist nach der Rechtsprechung ein AT-Altersteilzeit-Verhältnis in den ggf. geltenden sogenannten »Überforderungsschutz« (z. B. maximal 5 % Quote) der entsprechenden Tarifregelung mit einzubeziehen.[53] Bei einem Altersteilzeitverhältnis kann das Mindestabstandsgebot hinsichtlich des Entgelts über eine Erhöhung gemäß den tariflichen Regelungen eingehalten werden. Wird für den ATZ-Vertrag solch eine Tarifbindung vereinbart, nimmt der ATZ-Vertrag an allen Tariferhöhungen teil.[54]

---

51 BAG 5. 12. 2002 – 6 AZR 537/00.
52 Dazu BAG 12. 3. 2019 – 1 AZR 307/17; außerdem wurde entschieden, dass diese Herausnahme auch nicht durch eine Betriebsvereinbarung umgekehrt werden kann.
53 Vgl. BAG 30. 9. 2003 – 9 AZR 590/02.
54 Per Vertrag möglich BAG 15. 3. 2005 – 9 AZR 97/04.

47. Dürfen Vertragsstrafen in AT-Arbeitsverträge aufgenommen werden?

Vertraglich vereinbarte Vertragsstrafen, die pauschal »im Falle eines schuldhaften Vertragsverstoßes« eine Vertragsstrafe von X Monatsgehältern vorsehen, sind unwirksam. Es muss nämlich die zu bestrafende Pflichtverletzung klar bezeichnet werden, sodass erkennbar ist, wann eine Vertragsstrafe fällig wird.[55]

> **Praxisbeispiel einer unzulässigen Klausel:**
> »Tritt der Arbeitnehmer das Arbeitsverhältnis nicht an, löst er das Arbeitsverhältnis unter Vertragsbruch oder wird der Arbeitgeber durch schuldhaft vertragswidriges Verhalten des Arbeitnehmers zur fristlosen Kündigung des Arbeitsverhältnisses veranlasst, so hat der Arbeitnehmer an den Arbeitgeber eine Vertragsstrafe in Höhe von einem Bruttomonatsgehalt/ -lohn zu zahlen. Der Arbeitgeber kann einen weitergehenden Schaden geltend machen.«

Auch die Höhe einer Vertragsstrafe kann unwirksam sein. Eine Mindestvertragsstrafe, die dem mehrfachen Bruttogehalt eines Monats entspricht, fällt aus dem Rahmen und ist deshalb schon unwirksam. Auch bei Klauseln für Vertragsstrafen kommt eine Auslegung nicht in Betracht. Entweder ist die Klausel wirksam oder sie ist unwirksam. Eine wirksame Klausel setzt voraus, dass die Strafen in einem angemessenen Verhältnis zu der Pflichtverletzung stehen und die Pflichtverletzung, die zu einer Strafe führt, klar bezeichnet ist.

48. Gelten Wettbewerbsverbote auch für AT-Beschäftigte?

Sämtlichen Beschäftigten ist **während** des rechtlichen Bestehens eines Arbeitsverhältnisses grundsätzlich jede Konkurrenztätigkeit zum Nachteil des Arbeitgebers untersagt, auch wenn der Einzelarbeitsvertrag keine entsprechenden Regelungen enthält. Dies folgt schon aus den wechselseitigen Treuepflichten (§ 242 BGB) und für kaufmännische Beschäftigte aus § 60 HGB. Voraussetzung für eine Tätigkeit für die Konkurrenz oder für eine

55 BAG 18.8.2005 – 8 AZR 65/05.

Selbstständigkeit in diesem Bereich ist die Zustimmung des Arbeitgebers. Das gilt ebenfalls für AT-Beschäftigte.

49. Wie verhält es sich mit nachvertraglichen Wettbewerbsverboten?

Für ein Wettbewerbsverbot nach Beendigung des Arbeitsverhältnisses gelten besondere Regeln. Diese sind für kaufmännische Beschäftigte in §§ 74ff. HGB niedergelegt, für andere gelten sie entsprechend. Danach ist ein **nachvertragliches** Wettbewerbsverbot wirksam und für beide Vertragsparteien verbindlich, wenn es dem Schutz eines berechtigten geschäftlichen Interesses des Arbeitgebers dient, nach Ort, Zeit und Gegenstand nicht zu weit reicht (§ 74a Abs. 1 HGB), längstens für zwei Jahre vereinbart wurde und der Arbeitgeber sich verpflichtet, eine Karenzentschädigung zu zahlen, die mindestens die Hälfte der vom Beschäftigten zuletzt bezogenen vertragsmäßigen Leistungen erreicht (§ 74 Abs. 2 HGB). Darüber hinaus verlangt § 74 Abs. 1 HGB für eine solche Wettbewerbsabrede die Einhaltung der Schriftform und die Aushändigung einer vom Arbeitgeber unterzeichneten entsprechenden Urkunde an den Beschäftigten.[56] Wird ein nachvertragliches Wettbewerbsverbot beschrieben, so kann es tätigkeitsbezogen sein, also eine bestimmte Konkurrenztätigkeit untersagen oder unternehmensbezogen sein, also jede Tätigkeit in oder für Konkurrenzunternehmen untersagen. Für Beschäftigte, die unter den Geltungsbereich des MTV Akademiker in der chemischen Industrie unterfallen, kann grundsätzlich nur ein tätigkeitsbezogenes Konkurrenzverbot vereinbart werden.

50. Welche Wettbewerbsverbote gelten beispielsweise im MTV Akademiker?

Im Tarifvertrag des MTV Akademiker werden in § 6 II. der Begriff definiert, die Entschädigungspflicht, die Entschädigungshöhe, die Berechnung der Entschädigung, die Kündigungsmöglichkeit und -folgen, unwirksame

56 St. Rspr. BAG 7.7.2015 – 10 AZR 260/14; 14.7.2010 – 10 AZR 291/09.

Wettbewerbsverbote beschrieben, und es werden Regeln zu Vertragsstrafen und Übergangsbestimmungen beschrieben. Ein nachvertragliches Wettbewerbsverbot, das entgegen § 74 Abs. 2 HGB keine Karenzentschädigung enthält, ist kraft Gesetzes nichtig. Eine salvatorische Klausel ist nicht geeignet, diese Folge zu beseitigen oder zu heilen.[57] Begründet sind die hohen Anforderungen an nachvertragliche Wettbewerbsverbote mit den weitreichenden Folgen für die Betroffenen. Denn das Wettbewerbsverbot stellt letztlich eine Beschränkung der Berufsfreiheit dar. Es muss dem Schutz eines berechtigten geschäftlichen Interesses des Arbeitsgebers dienen. Dies ist beispielsweise der Fall, wenn der Schutz von Betriebsgeheimnissen es erfordert oder ein Einbruch in den Kunden- oder Lieferantenkreis verhindert werden soll.[58]

51. Welchen Einfluss haben Ausschlussfristen für AT-Arbeitsverträge?

Ausschlussfristen werden in AT-Verträgen häufig verwendet, da die tariflichen Ausschlussfristen für außertarifliche Arbeitsverhältnisse nicht wirksam sind, solange nicht eine Bezugnahme auf den entsprechenden Tarifvertrag vorgenommen wird. Ausschlussfristen begründen die Verpflichtung, Ansprüche fristgerecht in der Regel schriftlich oder auch direkt gerichtlich geltend zu machen. Sie dienen seit langem der im Arbeitsleben gewünschten raschen Klärung von Ansprüchen und der Bereinigung offener Streitpunkte. Sie können einstufig oder zweistufig sein.[59]

52. Welche Ausschlussfristen gibt es?

Wie bereits in Frage 51 erwähnt, gibt es einstufige und zweistufige Ausschlussfristen. Eine einstufige Ausschlussfrist verhindert den Verfall von Ansprüchen, wenn sie innerhalb einer bestimmten Frist i. d. R. schriftlich oder in Textform (also per E-Mail) beim Arbeitgeber geltend gemacht wurden. Die Dauer der Frist darf nicht zu kurz bemessen werden.

57 Vgl. BAG 22. 3. 2017 – 10 AZR 448/15.
58 BAG 1. 8. 1995 – 9 AZR 884/93; 19. 12. 2018 – 10 AZR 130/18.
59 Für Ansprüche oberhalb des Mindestlohns zulässig BAG 17. 10. 2017 – 9 AZR 80/17.

Eine einzelvertragliche Ausschlussfrist, die die schriftliche Geltendmachung aller Ansprüche aus dem Arbeitsverhältnis innerhalb einer Frist von weniger als drei Monaten ab Fälligkeit verlangt, benachteiligt nach Ansicht des BAG die Beschäftigten unangemessen entgegen den Geboten von Treu und Glauben (§ 307 Abs. 1 Satz 1 BGB). Sie ist mit wesentlichen Grundgedanken des gesetzlichen Verjährungsrechts nicht vereinbar (§ 307 Abs. 2 Nr. 1 BGB) und schränkt wesentliche Rechte, die sich aus der Natur des Arbeitsvertrags ergeben, so ein, dass die Erreichung des Vertragszwecks gefährdet ist (§ 307 Abs. 2 Nr. 2 BGB).[60]
Eine zweistufige Frist erfordert in der ersten Stufe, dass die Ansprüche dem Arbeitgeber gegenüber i. d. R. schriftlich geltend gemacht werden. Wenn dieser ablehnt oder nicht reagiert, muss in einer zweiten Frist Klage erhoben werden. Nach der Rechtsprechung ist auch eine Frist für die gerichtliche Geltendmachung von weniger als drei Monaten im Rahmen einer einzelvertraglichen zweistufigen Ausschlussfrist unangemessen kurz und unwirksam:[61]

Praxisbeispiel einer Mischklausel:
»Alle Ansprüche, die sich aus dem Anstellungsverhältnis ergeben, sind von den Vertragsschließenden binnen einer Frist von drei Monaten seit ihrer Fälligkeit schriftlich geltend zu machen und im Falle der Ablehnung durch die Gegenpartei binnen einer Frist von vier Wochen einzuklagen.«

Das BAG ist in einem solchen Fall jedoch der Ansicht, dass zweistufige Ausschlussfristen geteilt werden können.[62] In diesem Fall war die zweite Stufe der Verfallklausel unwirksam, dennoch bleibt die Regelung zur ersten Stufe wirksam.

53. Welche Möglichkeiten haben Arbeitgeber, um den AT-Status von Beschäftigten aufzuheben?

Will der Arbeitgeber den AT-Status von Beschäftigten nicht mehr aufrechterhalten, so muss er eine einvernehmliche Vertragsänderung her-

60 BAG 28.9.2005 – 5 AZR 52/05.
61 BAG 25.5.2005 – 5 AZR 572/04.
62 Vgl. BAG 12.3.2008 – 10 AZR 152/07.

beiführen oder eine Änderungskündigung des AT-Vertrages aussprechen. Durch bloßes Untätigbleiben oder eine nicht ausreichende Gehaltserhöhung kann der Arbeitgeber nicht einseitig die Vertragsänderung erreichen. Eine Weigerung des Arbeitgebers, das Gehalt entsprechend zu erhöhen, um den AT-Status zu beseitigen, ist unzulässig. Das kann einseitig nur durch Änderungskündigung geschehen. Eine Änderungskündigung erfordert dringende betriebliche Gründe, und es muss eine Änderung angeboten werden, die der Beschäftigte billigerweise hinnehmen muss.[63] Ob der Beschäftigte eine ihm vorgeschlagene Änderung billigerweise hinnehmen muss, ist nach dem Verhältnismäßigkeitsgrundsatz zu prüfen.[64] Die Änderungen müssen geeignet, erforderlich und angemessen sein, um den Inhalt des Arbeitsvertrags den geänderten Beschäftigungsmöglichkeiten anzupassen. Diese Voraussetzungen müssen für alle angebotenen Änderungen vorliegen. Ausgangspunkt ist die bisherige vertragliche Regelung. Die angebotenen Änderungen dürfen sich von deren Inhalt nicht weiter entfernen, als zur Erreichung des angestrebten Ziels erforderlich ist. So ist bspw. eine Änderungskündigung eines AT-Beschäftigten wegen der Neuordnung der tariflichen Entgeltstruktur unzulässig.[65] Der Arbeitgeber bleibt an den AT-Vertrag gebunden, auch wenn er die Tätigkeit (zu einem geringeren Entgelt) nunmehr als tarifliche bewerten könnte. Dies folgt aus dem auch für AT-Beschäftigte geltenden Kündigungsschutzrecht. Im entschiedenen Fall ging es allerdings nur um die Beibehaltung des übertariflichen Gehaltes. Ob der Tarifvertrag im Übrigen gilt, da mit Einführung des neuen Tarifvertrags objektiv der Status des AT-Beschäftigten wegen fehlender Voraussetzungen entfallen war, wurde nicht entschieden. Allerdings hat das BAG entschieden, dass eine konstitutive »Ernennung« zum außertariflichen Angestellten bei beiderseitiger Tarifgebundenheit eine arbeitsvertragliche Zusicherung beinhaltet, diesen Status durch Zahlung einer der Tarifentwicklung und ggf. einer tarifvertraglichen Abstandsklausel entsprechenden außertariflichen Vergütung zu erhalten.[66]

63 BAG 15.1.2009 – 2 AZR 641/07.
64 BAG 29.11.2007 – 2 AZR 388/06.
65 Vgl. BAG 8.10.2009 – 2 AZR 235/08.
66 BAG 3.9.2014 – 5 AZR 1020/12.

54. Welche Unterschiede in AT-Arbeitsverträgen gibt es?

AT-Arbeitsverträge, wie Arbeitsverträge im Allgemeinen, sehen in der betrieblichen Praxis sehr unterschiedlich aus. Manche sind sehr knapp gehalten, andere sehr ausführlich und genau. Außerdem ist zu bedenken, dass manche Regelungen ihre Wirkung erst im Zusammenspiel mit anderen Klauseln entfalten. In der Regel ist auf (AT-) Arbeitsverträge AGB-Recht anzuwenden, weil standardisierte oder vorformulierte Klauseln verwendet werden. So finden häufig standardisierte Verträge Anwendung, in denen lediglich Datum, Tätigkeitsbezeichnung etc. eingesetzt werden. Für Beschäftigte ist die Verwendung von standardisierten Verträgen im Zweifelsfall von Vorteil, denn unangemessene Benachteiligung, »Überraschungsklauseln« oder Zweifel bei der Auslegung gehen in diesem Fall zulasten des Arbeitgebers (siehe Frage 26).

F. Arbeitsrechtliche Schutzvorschriften

55. Welche arbeitsrechtlichen Schutzvorschriften gelten für AT-Beschäftigte?

Auch wenn AT-Beschäftigte aus dem Geltungsbereich des einschlägigen Tarifvertrages herausgenommen werden, gelten viele arbeitsrechtliche Schutzvorschriften für sie weiterhin. Insoweit gelten die Regelungen des Betriebsverfassungsgesetzes. Entsprechende Beteiligungsrechte des Betriebsrats sind sogar umfassender als bei Tarifbeschäftigten.

56. Welchen Einfluss hat das Arbeitszeitgesetz auf AT-Beschäftigte?

Trotz – oder gerade wegen – fehlender tariflicher Arbeitszeitregeln sind insbesondere die Vorschriften über Höchstarbeitszeiten, Pausen, Ruhezeiten und Arbeitsverbote des Arbeitszeitgesetzes einzuhalten. Insofern findet das Arbeitszeitgesetz auch auf AT-Beschäftigte Anwendung. Lediglich auf leitende Angestellte findet das Arbeitszeitgesetz keine Anwendung.

57. Gilt das Bundesurlaubsgesetz uneingeschränkt für AT-Beschäftigte?

Das Bundesurlaubsgesetz gilt für auch AT-Beschäftigte. Es besteht mindestens ein Anspruch auf bezahlten Urlaub nach dem Bundesurlaubsgesetz. Häufig sind arbeitsvertraglich noch übergesetzliche Urlaubsansprüche vereinbart.

58. Dürfen AT-Beschäftigte streiken?

Die AT-Beschäftigten haben ebenso die Möglichkeit an Streiks teilzunehmen, wie alle anderen Beschäftigten auch. Dieser grundgesetzliche Anspruch aus Art. 9 Abs. 3 GG geht mit der AT-Stellung nicht verloren. Wenn sie Gewerkschaftsmitglied sind, haben auch AT-Angestellte Anspruch auf die Leistungen der Gewerkschaft.

G. Mitbestimmung durch den Betriebsrat

59. Haben AT-Beschäftigte Anspruch auf Betriebsratsvertretung?

Im Betriebsverfassungsgesetz – ebenso in den Personalvertretungsgesetzen – finden sich keine Ausnahmeregelungen für »AT-Beschäftigte/Angestellte« oder »ÜT-Beschäftigte«. Auch das BAG hat bereits darauf hingewiesen, dass dem Betriebsverfassungsgesetz die Unterscheidung zwischen »Tarif- und AT-Arbeitnehmern« unbekannt ist.[67] Dem Betriebsrat sind durch das Betriebsverfassungsgesetz also hinsichtlich dieser Beschäftigtengruppen keine unterschiedlichen Aufgaben zugewiesen worden.[68] Für die Vertretung von Beschäftigten mit außertariflichen Gehältern oder übertariflichen Gehaltsbestandteilen und insbesondere für Beschäftigte, die nicht unter den Geltungsbereich eines sonst geltenden Tarifvertrags fallen, stehen dem Betriebsrat sogar ein paar zusätzliche Mitbestimmungsrechte zu (ausgenommen leitende Beschäftigte i. S. d. § 5 Abs. 3 BetrVG).

60. Wie gestaltet sich die Vertretung von AT-Beschäftigten durch den Betriebsrat?

Allerdings sehen sich Betriebsräte häufig nicht unbedingt in der Rolle des Anwalts für Belange von AT-Beschäftigten. Sie haben jedoch nach dem Betriebsverfassungsgesetz bei dieser Beschäftigtengruppe eine hohe Gestaltungsmacht. Der Grund dafür liegt in der Sperrwirkung des § 77 Abs. 3 BetrVG und des § 87 Abs. 1 Satz 1 BetrVG, die für AT-Beschäftigte

---

67 BAG 11.2.1992 – 1 ABR 51/91.

68 BAG 30.6.1981 – 1 ABR 26/79; ebenfalls *Bollmeyer/Voß*, S. 35 ff.

nicht gilt, weil sie aus dem Geltungsbereich ausdrücklich herausgenommen wurden. Aufgrund des Tarifvorrangs hat der Betriebsrat sonst nur Gestaltungskompetenz, wenn der Tarifvertrag Öffnungsklauseln enthält oder wenn bestimmte Sachverhalte, die im Tarifvertrag nicht geregelt sind, den Beteiligungsrechten des Betriebsverfassungsgesetzes unterliegen. Aufgrund des AT-Status der betroffenen Beschäftigten sind die tarifvertraglichen Regelungen der Arbeits- und Beschäftigungsbedingungen weitgehend nicht anwendbar, soweit sie nicht individualrechtlich in Bezug genommen werden. Bei »tariflichen Beschäftigten« regelt der Tarifvertrag eine Reihe von zentralen Fragen zur Gestaltung der Beschäftigungsbedingungen, insbesondere bei der Festlegung der Vergütungsstruktur, Arbeitszeit und Urlaub, und diese sind damit der Gestaltung durch den Betriebsrat entzogen. Anders bei AT-Beschäftigten. Für diese Beschäftigten entfaltet eine Vielzahl von Mitbestimmungsrechten ihre volle Wirkung, wenn der Arbeitgeber etwa aus personalwirtschaftlichen Gründen vereinheitlichende Systeme für die Arbeitszeit oder Vergütungssysteme von AT-Beschäftigten anstrebt. Die Gestaltungskompetenz des Betriebsrats im AT-Bereich ist keinerlei Beschränkungen des Tarifvorbehalts unterworfen und damit umfassender. In der Praxis ist die Betriebsvereinbarung das wichtigste Instrument der vereinheitlichenden Regulierung der Arbeitsbedingungen im AT-Bereich.

61. Welche vereinheitlichten Regelungen gibt es für die Arbeitsbedingungen von AT-Beschäftigten?

Vereinheitlichte Regelungen werden auch den Unternehmen entgegenkommen, da sie die Arbeitsbedingungen der AT-Beschäftigten nicht mehr aufwändig individuell in jedem einzelnen Arbeitsvertrag regeln müssen. Auch personalwirtschaftlich ist es sinnvoll, bspw. Entgelte nicht mit einzelnen AT-Beschäftigten auszuhandeln, sondern ihre Struktur und Höhe auf einem nachvollziehbaren und sachlich begründbaren Konzept aufzubauen. Dies entlastet und verkürzt die Einzelverhandlungen und fördert wichtige personalpolitische Ziele wie Transparenz und Lohngerechtigkeit. Ziel könnte es für den Betriebsrat sein, über die Mitbestimmung für die gesamte Beschäftigtengruppe der AT-Beschäftigten eine »Gleichstellung« zu den tariflich gebundenen Beschäftigten zu bewirken. Außerdem wächst auch auf Seiten des Arbeitgebers mit der Größe des Betriebes der Bedarf nach einheitlichen, systematisierenden Konzepten. In der betrieblichen Praxis wurden daher zahlreiche Betriebsvereinbarungen geschlossen, die ausschließlich Sachverhalte des AT-Bereichs regeln, oder der AT-Bereich wurde in den Geltungsbereich anderer Vereinbarungen mit aufgenommen.[69] Hinsichtlich der Frage der Vertretung durch den Betriebsrat kommt es stets darauf an, ob die fraglichen Beschäftigten in den Betrieb »eingegliedert« und weisungsgebunden sind und sie damit als »abhängig Beschäftigte« gelten.[70] Davon abzugrenzen sind die leitenden Angestellten gemäß § 5 Abs. 3 BetrVG (siehe Frage 19ff.) und Mitarbeiter mit Werkvertrag (was hier jedoch nicht vertieft werden soll).

62. Dürfen AT-Beschäftigte an Betriebsratswahlen teilnehmen?

Beschäftigte mit AT-Status sind betriebsverfassungsrechtlich wahlberechtigt, wenn sie die betriebsverfassungsrechtlichen Bedingungen erfüllen. Sie sind nach § 7 BetrVG wahlberechtigt, wenn sie das 16. Lebensjahr vollendet haben. Dies gilt nicht, wenn sie gleichzeitig leitende Angestellte gem. § 5 Abs. 3 BetrVG sind (siehe Frage 19ff.). Eine erhöhte Vergütung im Sinne einer übertariflichen Zulage oder eines außertariflichen Entgelts schließt die Beschäftigten hingegen nicht aus dem Kreis der wahlberechtigten und wählbaren Beschäftigten aus. Voraussetzung für einen Ausschluss ist eine »ausgeprägte Interessenpolarität« im Sinne eines »unmittelbaren Gegnerbezuges« wie bei den leitenden Angestellten.[71]

63. Sind AT-Beschäftigte wählbar?

Beschäftigte mit AT-Status sind betriebsverfassungsrechtlich wählbar, wenn sie die betriebsverfassungsrechtlichen Bedingungen erfüllen. Sie sind nach § 8 BetrVG wählbar, wenn sie wahlberechtigt sind, das 18. Lebensjahr vollendet haben und länger als sechs Monate im Betrieb sind.

69 *Breisig*, AT-Angestellte, S. 127f.
70 St. Rspr. BAG 3.2.2011 – 4 Sa 234/10.
71 BAG 19.11.1974 – 1 ABR 20/73.

Dies gilt nicht, sofern es sich bei den Beschäftigten gleichzeitig um leitende Angestellte gem. § 5 Abs. 3 BetrVG handelt (siehe Frage 19 ff.). Eine erhöhte Vergütung im Sinne einer übertariflichen Zulage oder eines außertariflichen Entgelts schließt die Beschäftigten nicht aus dem Kreis der wahlberechtigten und wählbaren Beschäftigten aus. Voraussetzung für einen Ausschluss ist eine »ausgeprägte Interessenpolarität« im Sinne eines »unmittelbaren Gegnerbezuges« wie bei den leitenden Angestellten.

64. Welche Mitbestimmungsrechte haben Betriebsräte bei der AT-Vergütung?

Betriebsräte haben bei den Fragen betrieblicher Lohngestaltung mitzubestimmen (§ 87 Abs. 1 Nr. 10 BetrVG), wenn keine tarifliche Regelung besteht. Das Beteiligungsrecht soll die Beschäftigten vor einer einseitig an den Interessen des Unternehmens orientierten Lohngestaltung schützen. Durch den Tarifvorbehalt des § 77 Abs. 3 BetrVG, wonach Betriebsvereinbarungen über Arbeitsentgelte unzulässig sind, wenn diese tariflich geregelt oder üblicherweise tariflich geregelt sind, greift die Mitbestimmung erst bei Gehältern oberhalb der höchsten Tarifgehälter. Dem Schutz der Beschäftigten, die vom Tarifvertrag nicht mehr erfasst werden, wird der Betriebsrat gerecht, wenn er ein Vergütungssystem für unterschiedlich hohe außertarifliche Gehälter fordert. Da ein Mitbestimmungsrecht zur Lohngestaltung besteht, hat der Betriebsrat auch ein *Initiativrecht* für ein AT-Vergütungssystem.[72] Zuständig ist grundsätzlich der örtliche Betriebsrat. Da die AT-Beschäftigten keiner Tarifbindung unterliegen, leistet der Arbeitgeber sämtliche Vergütungsbestandteile oberhalb des Tarifvertrags für diese Arbeitnehmergruppe »freiwillig«, d. h. ohne hierzu tarifvertraglich verpflichtet zu sein, zumindest was die Höhe angeht. Es handelt sich aber insgesamt um keine freiwillige Leistung, auch wenn bei den AT-Beschäftigten keine tarifvertragliche Vergütungspflicht besteht. Auch nicht, wenn eine individualrechtliche Vergütungsvereinbarung fehlt, denn der Entgeltanspruch der AT-Beschäftigten ergibt sich aus § 612 Abs. 1 BGB, da deren Arbeitsleistung nur gegen eine Vergütung zu erwarten ist. Die Vergütung der AT-Beschäftigten ist damit keine »freiwillige Leistung« im

72 BAG 30. 1. 1990 – 1 ABR 2/89.

Sinne des Betriebsverfassungsrechts, von deren Erbringung der Arbeitgeber absehen kann, wenn er sich mit dem Betriebsrat nicht über deren Verteilung einig wird.[73] Der Arbeitgeber kann daher für AT-Beschäftigte kollektivrechtlich nur das gesamte Volumen der von ihm für die Vergütung der AT-Beschäftigten bereitgestellten Mittel mitbestimmungsfrei festlegen und für die Zukunft ändern.[74] Alle inhaltlichen »Verteilungs-Regelungen« sind mitbestimmungspflichtig. Zusätzlich kann der Arbeitgeber freiwillig gegenüber dem Betriebsrat eine Verpflichtung zur Gehaltserhöhung eingehen oder insoweit ein Mitbestimmungsrecht des Betriebsrats begründen. Dies kann in einer eigenen freiwilligen Betriebsvereinbarung nach § 88 BetrVG oder im Rahmen einer ansonsten nach § 87 Abs. 1 Nr. 10 BetrVG mitbestimmten Betriebsvereinbarung geschehen. Die Übernahme einer derartigen, gesetzlich nicht gebotenen Verpflichtung muss aber gerade im letztgenannten Fall deutlich zum Ausdruck kommen.[75]

65. Was versteht man unter »Vergütungsgruppenregelungen«?

Wie oben aufgeführt (siehe Frage 64), ist die Ausgestaltung eines AT-Entgeltsystems, also der Verteilungs- und Leistungsplan, mitbestimmungspflichtig (§ 87 Abs. 1 Nr. 10 BetrVG). Daher unterliegt die Entscheidung darüber, nach welchen Kriterien die Berechnung der einzelnen Leistungen und deren Höhe im Verhältnis zueinander bestimmt werden sollen, auch der Beteiligung des Betriebsrats. Das Mitbestimmungsrecht bezieht sich dabei immer auf kollektive Regelungen und nicht auf die Gestaltung des einzelnen Arbeitsvertrages. Schafft ein Arbeitgeber zur übertariflichen Vergütung von Beschäftigten oberhalb der höchsten Tarifgruppe weitere Gehaltsgruppen, innerhalb derer zwar ein Spielraum für individuelle Gehaltsabsprachen bleibt, deren Untergrenzen aber in einem bestimmten Verhältnis zueinander sowie zur höchsten Tarifgruppe stehen, so handelt es sich dabei um eine Regelung der betrieblichen Lohngestaltung. Die Aufstellung und Änderung dieser Regelung der betrieblichen Lohngestaltung

---

73 BAG 23.3.2010 – 1 ABR 82/08.
74 BAG 26.8.2008 – 1 AZR 354/07.
75 BAG 18.10.2011 – 1 AZR 376/10.

unterliegt der Mitbestimmung des Betriebsrats, soweit nicht leitende Angestellte betroffen sind.

66. Welche Mitbestimmungsrechte bestehen bei den Gehaltsgruppen?

Umstritten ist hingegen, ob ein Mitbestimmungsrecht bei der Festlegung des Wertunterschiedes zwischen der obersten Tarifgruppe und der untersten AT-Gruppe besteht. Das BAG hat 1994 entschieden, dass für diese Frage kein Mitbestimmungsrecht vorgesehen ist, da es sich hierbei um die Festlegung der Gehaltshöhe handelt, die dem Arbeitgeber allein vorbehalten sein soll.[76] Dies ist jedoch nicht nachvollziehbar, da das BAG gleichzeitig die Mitbestimmung bei der Frage der Abstände der AT-Gehaltsgruppen zueinander, sei es in festen Werten, Bandbreiten oder Prozentsätzen, bejaht.[77] In der Literatur wird argumentiert, dass die Festlegung des Abstands zur höchsten Tarifgruppe zur Frage der Lohngestaltung bei AT-Beschäftigten gehört – zumindest, wenn das betriebliche AT-Vergütungssystem tätigkeitsbezogen ausgestaltet ist.[78] Ein solches System beinhaltet die Aufstellung eines betrieblichen Gehaltsgruppensystems für AT-Beschäftigte und die Bildung und Umschreibung der AT-Gehaltsgruppen sowie deren Abstufung. Die Abstufung kann in Beträgen, Prozentsätzen oder Verhältniszahlen ausgedrückt werden. Die Mitbestimmung umfasst dann auch jede Änderung dieser Gehaltsgruppen. Ebenso ist es denkbar, dass nicht Stufen, sondern Bänder vereinbart werden. Innerhalb der Bänder besteht die Möglichkeit, ein »Einstiegsgehalt«, Entwicklungsschritte und Höchstgehalt zu bestimmen.

67. Was versteht man unter dem sogenannten »Mindestabstand«?

Ernennt der Arbeitgeber einen Beschäftigten mit dessen Einverständnis zum AT-Beschäftigten, hat der AT-Beschäftigte einen arbeitsvertraglichen

76 BAG 28.9.1994 – 1 AZR 870/93.
77 BAG 22.1.1980 – 1 ABR 48/77; 26.10.2004 – 1 ABR 37/03; DKW, § 87 Rn. 267.
78 So beispielsweise *Fitting*, § 87, Rn. 503; vgl. auch *Klocke*, NZA-RR 2023, 281–285.

Anspruch auf eine Vergütung, die die tariflichen Bestimmungen dazu einhält. Die Vergütung muss die Gehälter der höchsten tariflichen Entgeltgruppe überschreiten. Ist keine prozentuale Überschreitung tarifvertraglich festgelegt, reicht jede – auch nur geringfügige – Überschreitung.[79] Dabei muss nur das Arbeitsverhältnis vom räumlichen und fachlichen Geltungsbereich des Tarifvertrags erfasst werden, damit der Mindestabstand einzuhalten ist. Auf die Gewerkschaftsmitgliedschaft des Beschäftigten kommt es nicht an.

68. Welche Mitbestimmungsrechte bestehen in Bezug auf die Gehaltshöhe?

Eine mitbestimmungspflichtige Änderung des AT-Vergütungssystems liegt vor, wenn die übertariflichen Gehaltsgruppen aus Anlass und im zeitlichen Zusammenhang mit einer Tariflohnerhöhung ungleich angehoben werden, sodass sich ihr Verhältnis untereinander sowie zur höchsten Tarifgruppe ändert.[80] Bestehen für Teile der Belegschaft verschiedene Entgeltsysteme, die durch Unterschiede der Tätigkeiten bedingt sind (z. B. tarifliche und außertarifliche Entgeltgruppen), so erstreckt sich das Mitbestimmungsrecht (siehe Frage 65) nicht auf das Verhältnis der Entgeltsysteme untereinander. Hieraus folgert das BAG, dass eine Entgelterhöhung bei AT-Beschäftigten, deren Gehälter auf Grund einer betrieblichen Regelung nicht unerheblich über der höchsten Tarifgruppe liegen, bei der Frage außer Betracht zu bleiben hat, ob die gleichzeitig bei anderen Beschäftigten vorgenommene Anrechnung einer Tariferhöhung auf übertarifliche Zulagen einen Gestaltungsspielraum offenlässt und deshalb der Mitbestimmung des Betriebsrates unterliegt.[81] Das Argument der Gleichbehandlung, weil im AT-Bereich die Gehälter erhöht werden, muss im Tarifbereich von einer Anrechnung abgesehen werden, überzeugt somit nicht. Die Festsetzung der konkreten Höhen der Gehälter der gesamten Gruppe der AT-Beschäftigten gehört nach der Rechtsprechung nicht zur betrieblichen Lohngestaltung i. S. v. § 87 Abs. 1 Nr. 10 BetrVG und ist daher allein dem

79 BAG 23.10.2024 – 5 AZR 82/24.
80 Vgl. BAG 27.10.1992 – 1 ABR 17/97.
81 BAG 19.9.1995 – 1 ABR 20/95.

Arbeitgeber vorbehalten.[82] Dementsprechend kann der Arbeitgeber den Dotierungsrahmen und die Entscheidung, ob die Gehälter der AT-Beschäftigten erhöht werden sollen, mitbestimmungsfrei entscheiden.[83]

69. Welche Einsichtsrechte haben Betriebsräte in Bezug auf AT-Beschäftigte?

Das Einsichtsrecht umfasst nach der aktuellen Rechtsprechung alle Lohn- und Gehaltsbestandteile tariflicher wie außertariflicher Art, unabhängig davon, ob es sich um einmalige oder wiederkehrende Leistungen des Arbeitgebers handelt und unabhängig davon, ob sie kollektivrechtlich oder einzelvertraglich vereinbart sind.[84] Denn § 80 Abs. 2 Satz 2 Halbsatz 2 BetrVG lässt sich nicht entnehmen, dass bestimmte Lohnbestandteile generell vom Einsichtsrecht des Betriebsrats ausgenommen sind. Es muss vom Betriebsrat kein besonderer Anlass für die Ausübung des Einsichtsrechts geltend gemacht werden, um auch im Hinblick auf individuell vereinbarte übertarifliche Vergütungen Einsicht zu verlangen. Der Betriebsrat benötigt die Kenntnis der effektiv gezahlten Vergütungen, um sich ein Urteil darüber bilden zu können, ob insoweit ein Zustand innerbetrieblicher Lohngerechtigkeit existiert oder nur durch eine andere betriebliche Lohngestaltung erreicht werden kann. Ein Einsichtsrecht besteht deshalb auch dann, wenn der Betriebsrat gerade feststellen will, welche Beschäftigten Sonderzahlungen erhalten und wie hoch diese sind. Die Grenzen des Einsichtsrechts liegen dort, wo ein Beteiligungsrecht oder eine sonstige Aufgabe offensichtlich nicht in Betracht kommt.

70. Gibt es datenschutzrechtliche Bedenken gegen das Einsichtsrecht von Betriebsräten?

Dem Einsichtsrecht des Betriebsrats stehen datenschutzrechtliche Aspekte nicht entgegen, da das Einsichtsrecht eine nach Art. 6 Abs. 1 lit c) EU-

82 St. Rspr. BAG 22.1.1980 – 1 ABR 48/77; 21.1.2003 – 1 ABR 5/02.
83 BAG 21.1.2003 – 1 ABR 5/02.
84 BAG 14.1.2014 – 1 ABR 54/12.

DSGVO zulässige Form der Datennutzung ist.[85] Die Berechtigung des Betriebsausschusses oder eines nach § 28 BetrVG gebildeten Ausschusses gemäß § 80 Abs. 2 BetrVG, in die Listen über die Bruttolöhne und -gehälter Einblick zu nehmen, ist nicht auf anonymisierte Listen beschränkt und wird durch die EU-DSGVO nicht beschränkt.[86]

71. Welche Mitbestimmungsrechte bestehen in Bezug auf die Arbeitszeit?

Nach § 87 Abs. 1 Nr. 2 BetrVG hat der Betriebsrat über Beginn und Ende der täglichen Arbeitszeit einschließlich der Pausen sowie Verteilung der Arbeitszeit auf die einzelnen Wochentage und nach § 87 Abs. 1 Nr. 3 BetrVG bei einer vorübergehenden Verkürzung oder Verlängerung der betriebsüblichen Arbeitszeit mitzubestimmen. Dies umfasst auch AT-Beschäftigte. Denn auch bei einem AT-Arbeitsvertrag wird ein Arbeitsverhältnis begründet und die AT-Beschäftigten schulden nicht die Erbringung von einzelnen Tätigkeiten oder ein bestimmtes Ergebnis. Nicht der Erfolg, sondern die Zeit ist das wesentliche Maß für die Arbeitsleistung.[87] Die tariflichen Regelungen wirken sich nicht auf den Inhalt des Arbeitsvertrages der AT-Beschäftigten aus, da sie aus dem Geltungsbereich herausgenommen wurden. Ist aber im Arbeitsvertrag von AT-Beschäftigten vereinbart, dass die Arbeitszeit sich nach der betrieblichen Arbeitszeit richtet, dann gilt auch für sie eine tariflich verkürzte Wochenarbeitszeit. Wird im Arbeitsvertrag keine ausdrückliche Vereinbarung über die Dauer der Arbeitszeit getroffen, so ist nach der Rechtsprechung anzunehmen, dass die Parteien die betriebsübliche Arbeitszeit vereinbaren wollten.[88] Das gilt auch dann, wenn eine Regelung in einer Betriebsvereinbarung von AT-Beschäftigten »weit überdurchschnittliches auch zeitliches Engagement« verlangt.[89] Damit wird die Arbeitszeit der AT-Beschäftigten nicht verlängert. Die Arbeitszeit muss transparent und eindeutig geregelt sein, d. h. in Form einer konkreten Stundenzahl.

---

85 BAG 14.1.2014 – 1 ABR 54/12.
86 Vgl. BAG 7.5.2019 – 1 ABR 53/17.
87 BAG 15.5.2013 – 10 AZR 325/12.
88 BAG 9.12.1987 – 4 AZR 584/87.
89 LAG Rheinland-Pfalz 27.1.2022 – 2 Sa 114-21.

72. Welche Ausnahmen gelten für den MTV Akademiker?

Eine Ausnahme stellt der MTV Akademiker in der chemischen Industrie dar. Dort wird in § 5 Ziff. 1 bestimmt, dass der Betriebsrat mit dem Arbeitgeber auch die Dauer der Wochenarbeitszeit vereinbaren kann. Durch die Fußnote zu § 5 MTV Akademiker wird jedoch klargestellt, dass damit kein erzwingbares Mitbestimmungsrecht geschaffen werden soll, sondern es bei freiwilligen Regelungen bleibt. Dies folgt aus dem Bezug auf § 76 Abs. 6 BetrVG, wonach im Streitfall zwar eine Einigungsstelle angerufen werden kann, diese jedoch nicht abschließend entscheidet, sondern lediglich eine Empfehlung ausspricht.

73. Welche Mitbestimmungsrechte bestehen in Bezug auf Überstunden und Mehrarbeit?

Der Betriebsrat hat bei der Anordnung, Duldung und Entgegennahme von Überstunden der Beschäftigten gem. § 87 Abs. 1 Nr. 3 BetrVG mitzubestimmen. Dies ist auf die AT-Beschäftigten ebenso anzuwenden, wie auf alle anderen Mitglieder der Belegschaft. Allerdings ist es nicht Sinn des Mitbestimmungsrechts, erforderlich werdende Überstunden zu vermeiden. Sinn des Mitbestimmungsrechts ist vielmehr, zum Schutz der Belegschaftsangehörigen dem Betriebsrat ein gleichberechtigtes Mitbestimmungsrecht bei der Regelung der Überstunden zu geben, um sicherzustellen, dass tatsächlich nur erforderlich werdende Überstunden geleistet werden und die Überlastung einzelner Beschäftigter nach Möglichkeit vermieden wird.[90] Häufig enthalten AT-Arbeitsverträge Klauseln, die eine pauschale Vergütung von Mehrarbeit oder Überstunden regeln (siehe Frage 41). Solche Klauseln sind dann zulässig, wenn sich aus dem Arbeitsvertrag selbst ergibt, welche Arbeitsleistungen die Beschäftigten konkret zu erwarten haben. Das BAG fordert, dass der Beschäftigte bereits bei Vertragsschluss erkennen können muss, was ggf. »auf ihn zukommt« und welche Leistung er für die vereinbarte Vergütung maximal erbringen muss.[91] Ideal wäre es, wenn im Arbeitsvertrag der Umfang der zu leistenden Über-

90 BAG 27.11.1990 – 1 ABR 77/89.
91 BAG 5.8.2009 – 10 AZR 483/08.

stunden konkret benannt würde. Derartige Klauseln greifen jedoch nicht in das Mitbestimmungsrecht des Betriebsrats hinsichtlich der Arbeitszeit und insbesondere bei Anordnung oder Entgegennahme von Mehrarbeit/Überstunden (§ 87 Abs. 1 Nr. 2 u. 3 BetrVG) ein.[92] Auch die sich per Überstundenpauschalregelung selbst verpflichtenden AT-Beschäftigten fallen unter die vorgenannten Schutzregeln. Denn auch bei ihnen hat der Betriebsrat die Aufgabe, auf Überlastung, Gesundheitsschutz und gleichberechtigte Verteilung von Überstunden zu achten.

74. Welchen Einfluss haben Betriebsvereinbarungen auf die Mitbestimmungsrechte zur Arbeitszeit?

Das Mitbestimmungsrecht nach § 87 Abs. 1 Nr. 2 BetrVG umfasst alle kollektiven Regelungen hinsichtlich Beginn, Ende und Dauer der täglichen Arbeitszeit, Verteilung der Arbeitszeit, Gleitzeit oder Vertrauensarbeitszeit. Darunter fallen auch die entsprechenden Regelungen für AT-Beschäftigte. Hält der Betriebsrat es für erforderlich, für die Arbeitszeiten der AT-Beschäftigten ein einheitliches Regelungssystem zu schaffen, kann er dieses sogar erzwingen. Er hat in sämtlichen Angelegenheiten des § 87 BetrVG ein Initiativrecht, d. h. er kann von sich aus eine kollektive Regelung verlangen und – falls sich Betriebsrat und Arbeitgeber nicht einig werden – kann er gem. § 87 Abs. 2 BetrVG eine bindende Entscheidung der Einigungsstelle herbeiführen. Anzuraten ist jedoch, gerade im Bereich der Arbeitszeitgestaltung von AT-Beschäftigten, zuvor zu prüfen, inwieweit eine solche Initiative von den AT-Beschäftigten selbst begrüßt wird und wie das gewünschte System aussehen sollte.[93] Gibt es nur eine Betriebsvereinbarung ohne differenzierten Geltungsbereich zur Arbeitszeit wie z. B. »Variable Arbeitszeiten«, so gilt diese einheitlich für den gesamten Betrieb. Damit fallen auch AT-Beschäftigte unter den Geltungsbereich. Diese Rechtslage steht im Widerspruch zur Selbstwahrnehmung zahlreicher AT-Beschäftigter, die selbst ausgesprochen flexible Modelle betrieblicher Arbeitszeitgestaltung bevorzugen. Gem. § 77 Abs. 4 BetrVG wirken Betriebsvereinbarungen jedoch auch für ihre Arbeitsverhältnisse normativ

92 Vgl. BAG 1.7.2003 – 1 ABR 22/02 – Mitbestimmung unabhängig von Frage der Vergütung.

93 Dazu *Bollmeyer/Voß*, Ziff. 4.2.2.

zwingend. Als Lösung wurde in vielen Betrieben für die AT-Beschäftigten eine Ausnahme zur Arbeitszeitbetriebsvereinbarung oder eine eigene Betriebsvereinbarung – häufig Vertrauensarbeitszeit – von den Betriebsräten geschaffen. Eine solche Differenzierung ist aufgrund der unterschiedlichen individuellen Arbeitszeitverpflichtungen von Tarif- und AT-Beschäftigten zulässig. Eine andere Möglichkeit, die Regelungen von Arbeitszeitbetriebsvereinbarungen zu »umgehen«, bietet das sogenannte Günstigkeitsprinzip. Danach gehen individualvertragliche Absprachen kollektiv-rechtlichen Regelungen vor, wenn sich durch einen Vergleich, der in einem inneren Sachzusammenhang stehenden Arbeitsbedingungen, ergibt, dass die einzelvertraglichen Bestimmungen für den Beschäftigten günstiger sind.[94] Allerdings entstehen bei der Anwendung des Günstigkeitsprinzips in der Praxis zahlreiche Probleme. Es stellt sich bspw. die Frage, welche Arbeitsbedingungen zueinander in einem Sachzusammenhang stehen und welche dagegen nicht. Fraglich ist auch, ob für den Günstigkeitsvergleich ein objektiver oder ein subjektiver Maßstab anzulegen ist, wenn bspw. ein AT-Beschäftigter Wert auf mehr Freizeit legt, ein anderer dagegen lieber länger arbeiten möchte, um einen höheren Verdienst zu erzielen.[95] Sollten im Betrieb Betriebsvereinbarungen zur Arbeitszeit fehlen oder AT-Beschäftigte von ihrem Geltungsbereich ausdrücklich ausgenommen sein, ist die Arbeitszeit individuell im Rahmen der gesetzlichen Vorgaben frei gestaltbar. Gibt es auch keine einzelvertraglichen Regelungen dazu, wird die Arbeitszeit durch den Arbeitgeber einseitig unter Anwendung des Direktionsrechts in den Grenzen des § 315 Abs. 1 BGB sowie des ArbZG festgelegt.

75. Welche Informationsrechte haben Betriebsräte in Bezug auf die Arbeitszeit?

Auch mit dem Mitbestimmungsrecht aus § 87 Abs. 1 Nr. 3 BetrVG ist der Anspruch auf Information aus § 80 Abs. 2 Satz 1 BetrVG verbunden. Nach dieser Vorschrift hat der Betriebsrat zur Durchführung seiner Aufgaben einen Anspruch gegen den Arbeitgeber auf rechtzeitige und umfassende Unterrichtung. Nach § 80 Abs. 1 Nr. 1 BetrVG hat der Betriebsrat darüber

94 Grundlegend dazu BAG 7.11.1989 – GS 3/85.
95 Dazu *Bollmeyer/Voß*, Ziff. 4.2.3.

zu wachen, dass die zugunsten der Arbeitnehmer geltenden Gesetze, Verordnungen, Unfallverhütungsvorschriften, Tarifverträge und Betriebsvereinbarungen durchgeführt werden. Bezüglich der Überwachungszuständigkeit des Betriebsrats bei AT-Beschäftigten und Arbeitszeit ist nach § 80 Abs. 1 Nr. 1 BetrVG insbesondere das Arbeitszeitgesetz relevant. Denn die Überwachungszuständigkeit des Betriebsrates umfasst beispielsweise die Aufgabe, die Einhaltung der nach § 5 Abs. 1 ArbZG vorgeschriebenen ununterbrochenen Ruhezeit von mindestens 11 Stunden und die in § 4 ArbZG vorgeschriebenen Ruhepausen zu prüfen. Der Arbeitgeber ist verpflichtet, die Arbeitszeiten zu kontrollieren und Arbeitszeiten täglich zu erfassen (§ 3 Abs. 2 Nr. 1 ArbSchG) oder erfassen zu lassen.[96] Arbeitgeber müssen ein objektives, verlässliches und zuverlässiges System[97] einführen, mit dem die geleistete Arbeitszeit der Beschäftigten erfasst wird. Der Betriebsrat kann zur Ausübung seiner Überwachungsaufgabe Einsicht in die entsprechenden Nachweise verlangen.

76. Was versteht man unter einer »Kappung der Arbeitszeit«?

Manchmal wird in Betriebsvereinbarungen die Kappung von Arbeitszeiten vorgesehen, die die tägliche Höchstarbeitszeit plus Pausen oder bestimmte Grenzen in »Ampelkonten« übersteigen. Betriebsräte stimmen diesen Regelungen häufig zu, um einen zusätzlichen Anreiz für Mehrarbeit zu vermeiden. Diese Kappung von Arbeitsstunden führt dazu, dass die hiervon erfasste Arbeitszeit nicht als nach § 87 Abs. 1 Nr. 2 i.V.m. Nr. 3 BetrVG zu verteilende Arbeitszeit behandelt wird. Damit haben die Betriebsparteien berücksichtigt, dass sie die Lage der Arbeitszeit nur innerhalb der gesetzlichen und tarifvertraglichen Grenzen festlegen wollen. Ob eine solche Kappung zulässig ist oder nicht, richtet sich nach den zugrundeliegenden Vereinbarungen zur Arbeitszeitgestaltung. Eine Kappung kann in den Fällen in Betracht kommen, in denen Beschäftigte ihre Arbeitszeit weitgehend selbst steuern können und dabei ohne Mitwirkung des Arbeitgebers ein Zeitguthaben aufbauen, das nicht bis zum Ende des Ver-

96 BAG 13.9.2022 – 1 ABR 22/21.
97 EuGH 14.5.2019 – C-55/18; siehe auch *Spengler*, AiB 9/19, 29.

teilzeitraumes ausgeglichen wird. Auch in diesem Fall wird sich allerdings die Frage stellen, ob der Beschäftigte bis zum Ende des Verteilzeitraums einen Zeitausgleich in Anspruch nehmen konnte. Wurde ein derartiger Zeitausgleich verlangt und dies vom Arbeitgeber verweigert, dann ist der Arbeitgeber nicht berechtigt, das Zeitguthaben einfach zu kappen. Durch die Kappung wird jedoch nicht in vergütungsrechtlich geschützte Positionen der betroffenen Beschäftigten eingegriffen.[98] Die Beschäftigten haben diese Stunden geleistet und können das Arbeitsentgelt einfordern. Da sie individualrechtlich keine Auswirkungen haben, sollten solche Kappungsregeln nicht in Betriebsvereinbarungen aufgenommen werden. Sie erwecken nur den falschen Eindruck, dass diese Stunden einfach wegfallen, obwohl die Beschäftigten diese Mehrarbeit oder Überstunden geleistet haben und das Arbeitsentgelt einklagen könnten. Haben die Beschäftigten in ihrem Arbeitsvertrag pauschale Abgeltungsklauseln für Mehrarbeit/Überstunden vereinbart, kann in gewissen Grenzen eine zusätzliche Bezahlung entfallen (siehe Frage 40 und 73), darüber hinaus jedoch ein Zahlungsanspruch bestehen. Gerade weil es die beschriebenen Arbeitszeitgrenzen gibt, sollten die Betriebsräte für die Erfassung der gesamten Arbeitszeit sorgen. Denn nur so wird sichtbar, wieviel Arbeitszeit die Beschäftigten tatsächlich erbringen. Und nur wenn diese Zeiten sichtbar sind, kann der Betriebsrat den Arbeitgeber gegebenenfalls damit konfrontieren und Abhilfe verlangen. Im Übrigen verlangt auch die Entscheidung des Europäischen Gerichtshofs aus dem Mai 2019, dass die tägliche effektive Arbeitszeit zu erfassen ist.[99] Die Umsetzung dieser Entscheidung ist schon heute für die Unternehmen eine Pflicht, wie das BAG entschieden hat.[100]

77. Welche Betriebsvereinbarungen bestehen bei Berufsbildungsmaßnahmen?

Will ein Betrieb bspw. den Nachwuchs für Führungspositionen durch ein systematisches Fortbildungsprogramm sichern, so bestimmt der Betriebsrat gem. §§ 96–98 BetrVG bei der Aufstellung von Regeln für die Durch-

98 Vgl. BAG 10.12.2013 – 1 ABR 40/12, wonach dies kollektivrechtlich möglich ist, aber individualrechtlich keine Folgen hat.
99 EuGH 14.5.2019 – C-55/18.
100 BAG 13.9.2022 – 1 ABR 22/21.

führung der Maßnahmen mit. In manchen Unternehmen wurden mit dem Betriebsrat Modelle für alle Entwicklungswege innerhalb der Firma inkl. der Weiterbeschäftigung nach dem Trainee- und Studienprogramm vereinbart. Dabei wird häufig zwischen Hauptentwicklungswegen, Querentwicklung und dem (externen) Quereinstieg unterschieden. Auch die »Entwicklungsdauer« kann hierbei für eine Zielfunktion außerhalb des Tarifgefüges festgelegt werden. Je größer diese Entfernung, desto länger kann eine Entwicklung dauern. Wichtig ist dabei, möglichst eine Verbindlichkeit hinsichtlich des Entgelts nach erfolgreichem Abschluss des Entwicklungsmodells zu verabreden. Auch mögliche Zwischenschritte zur Eingruppierung können in den einzelnen Fallgestaltungen beschrieben werden. Die Durchführung von betrieblichen Bildungsmaßnahmen ist insbesondere hinsichtlich der Auswahlfragen nach § 98 Abs. 3 BetrVG mitbestimmungspflichtig. Werden also Beschäftigte für betriebliche oder externe Maßnahmen ausgewählt, so ist der Betriebsrat zu beteiligen – das gilt für AT- genauso wie für Tarifbeschäftigte.

78. Welche Besonderheiten gelten für AT-Beschäftigte bei personellen Maßnahmen?

In Unternehmen mit i. d. R. mehr als zwanzig wahlberechtigten Arbeitnehmern hat der Arbeitgeber den Betriebsrat vor jeder Einstellung, Versetzung sowie Ein- und Umgruppierung zu unterrichten und dessen Zustimmung zu der geplanten Maßnahme einzuholen (§ 99 Abs. 1 BetrVG). Für Kündigungen gelten die Beteiligungsregeln des § 102 BetrVG. Da der AT-Bereich kein mitbestimmungsfreier Raum ist, gilt dies auch für diese Beschäftigten.

79. Was versteht man unter einer »Ausgruppierung«?

Eine Besonderheit stellen die Ein- und Umgruppierungen von Beschäftigten im Fall der erstmaligen Zuordnung zu dem außertariflichen Bereich (sogenannte »Ausgruppierung«) dar. Eine Ausgruppierung ist das Ergebnis einer Entscheidung des Arbeitgebers, dass die Tätigkeit des Beschäftigten wegen ihrer höheren Anforderungen nicht mehr den Merkmalen der höchsten tariflichen Vergütungsgruppe entspricht und die weiteren Voraussetzungen für den AT-Status des Beschäftigten vorliegen. Der Arbeitgeber will diese Beschäftigten zu AT-Beschäftigten werden lassen, sie also ausgruppieren. Der Begriff der »Ausgruppierung« sollte aber mitbestimmungsrechtlich nicht dahin missverstanden werden, dass sich dadurch Beschäftigte im außertariflichen Bereich außerhalb der betrieblichen Vergütungsordnung befinden. Er beschreibt vielmehr den Wechsel von der tariflichen Vergütungsordnung in den – gestuften oder stufenlosen – außertariflichen Bereich. Umgekehrt ist der Betriebsrat auch bei der Herabstufung von Beschäftigten aus dem außertariflichen Vergütungsbereich in die höchste Tarifgruppe und bei Veränderung der Einstufung von Arbeitnehmern, die bereits dem außertariflichen Vergütungsbereich angehören, zu beteiligen.[101]

80. Welche Besonderheiten ergeben sich bei der Einstellung von AT-Beschäftigten?

Bei der Einstellung von AT-Beschäftigten (nicht: leitenden Angestellten) hat der Betriebsrat das volle sich aus § 99 BetrVG ergebende Mitbestimmungsrecht. Eine Einstellung i. S. v. § 99 Abs. 1 Satz 1 BetrVG liegt nach der ständigen Rechtsprechung des BAG vor, wenn Personen in den Betrieb eingegliedert werden, um zusammen mit den dort beschäftigten Arbeitnehmern dessen arbeitstechnischen Zweck durch weisungsgebundene Tätigkeit zu verwirklichen.[102] Auf das Rechtsverhältnis, in dem die Personen zum Betriebsinhaber stehen, kommt es nicht an.[103] Allerdings ist das Mitbestimmungsrecht nach Ansicht des BAG kein Instrument zur umfassenden Vertragsinhaltskontrolle.[104] Zwar hat der Betriebsrat ein Einsichtsrecht in die vom Arbeitgeber verwendeten Arbeitsvertragsformulare – auch der AT-Arbeitsverträge – um die Einhaltung des Nachweisgesetzes zu überprüfen, §§ 80 Abs. 1 Nr. 1 i. V. m. 50 Abs. 2 BetrVG.[105] Jedoch kann der Betriebsrat gestützt auf § 99 Abs. 2 Nr. 1 BetrVG seine Zustimmung hinsicht-

---

101 BAG 28. 1. 1986 – 1 ABR 8/84; 12. 12. 2006 – 1 ABR 13/06.
102 Beispielsweise BAG 27. 10. 2010 – 7 ABR 36/09.
103 BAG 23. 6. 2010 – 7 ABR 1/09.
104 Vgl. BAG 25. 1. 2005 – 1 ABR 61/03.
105 BAG 19. 10. 1999 – 1 ABR 75/98.

lich einer Einstellung nur dann verweigern, wenn einer der dort genannten Verweigerungsgründe vorliegt.

81. Welche Besonderheiten ergeben sich bei der Eingruppierung von AT-Beschäftigten?

Die Eingruppierung ist getrennt von der Einstellung zu beurteilen. Es handelt sich bei Einstellung und Eingruppierung um zwei unterschiedliche Tatbestände.[106] Bspw. wenn der Betriebsrat einer Einstellung zustimmt, weil kein Verweigerungsgrund nach § 99 Abs. 2 BetrVG vorliegt, aber der Eingruppierung die Zustimmung verweigert, weil sie z. B. tarifwidrig ist. Nach ständiger Rechtsprechung des BAG ist unter einer Eingruppierung die Zuordnung der von den Beschäftigten vertragsgemäß auszuübenden Tätigkeiten zu einer bestimmten Vergütungsgruppe der maßgebenden Vergütungsordnung zu verstehen. Will der Arbeitgeber feststellen, dass der Beschäftigte nicht in eine der Gehaltsgruppen der nach ihrem Geltungsbereich maßgeblichen tariflichen Vergütungsordnung einzugruppieren ist, weil die vorgesehene Tätigkeit höherwertige Qualifikationsmerkmale aufweist, so hat er gem. § 99 Abs. 1 BetrVG dazu die Zustimmung des Betriebsrats einzuholen.[107] Verweigert der Betriebsrat seine Zustimmung (etwa mit der Begründung, dass die vorgesehene Tätigkeit geringere Qualifikationsmerkmale aufweise oder dass der Tarifvertrag mit der obersten Gehaltsstufe auch höherwertigere Tätigkeiten erfasse, § 99 Abs. 2 Nr. 1 BetrVG), so hat der Arbeitgeber ein entsprechendes Ersetzungsverfahren durchzuführen. In diesem ist die Richtigkeit der Beurteilung zu überprüfen. Eine Eingruppierung i. S. v. § 99 BetrVG liegt auch vor, wenn bei Einstellung eines AT-Beschäftigten das Gehalt unter Beachtung einer Mindestabstandsregelung im Tarifvertrag oder unter Anwendung einer betrieblichen Regelung über AT-Gehälter festzusetzen ist. Im ersteren Falle muss mindestens die Mitteilung an den Betriebsrat, dass der Mindestabstand gewahrt ist, erfolgen. Das Effektivgehalt des AT-Beschäftigten ist dem Betriebsrat nach veralteter Rechtsprechung des BAG nicht mitzuteilen.[108] Die Rechtsprechung aus 1989 muss als veraltet angesehen werden, da das BAG

106 St. Rspr. BAG 20.12.1988 – 1 ABR 68/87.
107 BAG 31.10.1995 – 1 ABR 5/95.
108 BAG 3.10.1989 – 1 ABR 73/88.

bereits 2006 feststellte, dass der Betriebsrat auch ein Informationsanspruch hinsichtlich übertariflicher Gehaltsbestandteile hat.[109] Im zweiten Fall ist dem Betriebsrat die Eingruppierung des AT-Beschäftigten in die jeweilige AT-Entgeltgruppe bzw. das jeweilige Entgeltband mitzuteilen, außerdem die Tätigkeitsbeschreibung und Stellenbewertung, um die Eingruppierung nachvollziehen zu können, sowie die vereinbarten Entgeltbestandteile und sonstigen Leistungen.

82. Gibt es Besonderheiten bei der Versetzung von AT-Beschäftigten?

Bei der Versetzung eines nichtleitenden AT-Beschäftigten bestehen grundsätzlich keine Besonderheiten in Bezug auf die Beteiligung des Betriebsrats gegenüber den Beschäftigten im Tarifbereich. Voraussetzung ist gem. § 95 Abs. 3 BetrVG die Zuweisung eines anderen Arbeitsbereichs. Nach den einschlägigen Tarifverträgen ist Voraussetzung für den Übergang in den AT-Bereich mindestens eine herausgehobene Tätigkeit. Damit ist regelmäßig davon auszugehen, dass bei einer geplanten »Beförderung« eines Tarif- zum AT-Beschäftigten eine Zuweisung eines anderen Arbeitsbereichs in diesem Sinne zu bejahen ist. Die Beurteilung des Arbeitgebers, die Tätigkeit des Beschäftigten übersteige die Merkmale der obersten tariflichen Vergütungsgruppe und sei daher dem außertariflichen Bereich zuzuordnen, ist ebenfalls eine Eingruppierung i. S. v. § 99 Abs. 1 Satz 1 BetrVG.[110]

83. Welche Besonderheiten ergeben sich bei der Ausgruppierung von AT-Beschäftigten?

Wächst ein Beschäftigter aus einer tariflichen Vergütungsordnung heraus und besteht ein gestuftes außertarifliches Vergütungssystem, so ist eine Umgruppierung erst mit der Eingruppierung in die außertarifliche Vergütungsordnung vollständig vorgenommen. Ein Mitbestimmungsrecht des Betriebsrates hinsichtlich einer »Ausgruppierung« hat das BAG auch für

109 BAG 10.10.2006 – 1 ABR 68/05.
110 BAG 31.10.1995 – 1 ABR 5/95.

den Fall angenommen, dass ein bisher tariflich eingruppierter Beschäftigter im Zusammenhang mit einer Versetzung zukünftig außertariflich bezahlt werden sollte, wobei kein AT-Vergütungssystem bestand. Da in dem entschiedenen Fall der Betroffene vom persönlichen Geltungsbereich des Gehaltstarifvertrages erfasst wurde, sei zunächst zu prüfen, ob seine neuen Aufgaben die Tätigkeitsmerkmale einer der tariflichen Gehaltsgruppen erfülle. Auch wenn dies zu einem negativen Ergebnis führe, liege in dieser Prüfung die mitbestimmungspflichtige Eingruppierung. Der Betriebsrat solle nämlich mitbeurteilen, ob der Gehaltstarifvertrag richtig angewandt werde. Das BAG setzt damit die Nichteingruppierung der Eingruppierung gleich. In der Konsequenz bedeutet dies, dass der Betriebsrat die Vornahme der Umgruppierung sowie seine Beteiligung hieran verlangen kann, wenn der Arbeitgeber eine betriebsverfassungsrechtlich gebotene Umgruppierung nicht vollständig durchführt.[111]

84. Ist eine Umgruppierung im AT-System möglich?

Besteht im Betrieb ein eigenes AT-Gehaltssystem mit Vergütungsgruppen, -stufen oder -bändern, stellt jede Höher- oder Herabstufung eine mitbestimmungspflichtige Umgruppierung dar. Die Rechtsprechung fordert für eine solche Vergütungsordnung ein kollektives, mindestens zwei Vergütungsgruppen enthaltendes Entgeltschema, das eine Zuordnung der Beschäftigten nach bestimmten, generell beschriebenen Merkmalen vorsieht.[112]

85. Welche Besonderheiten ergeben sich bei der Herabgruppierung von AT-Beschäftigten?

Eine Eingruppierung ist auch bei der Versetzung von Beschäftigten vorzunehmen, die bis dahin dem außertariflichen Bereich zugeordnet waren. Die betriebliche Vergütungsordnung, in welche der Arbeitgeber die Beschäftigten unter Beteiligung des Betriebsrats einzugruppieren hat, be-

111 BAG 31.10.1995 – 1 ABR 5/95; 26.10.2004 – 1 ABR 37/03.
112 BAG 26.10.2004 – 1 ABR 37/03.

schränkt sich nicht auf die tarifliche Vergütungsordnung.[113] Eine mitbestimmungspflichtige Umgruppierung liegt auch dann vor, wenn der Arbeitgeber zu dem Ergebnis gelangt, dass die Beschäftigten nicht mehr Tätigkeiten mit höherwertigen Qualifikationsmerkmalen als die höchste Vergütungsgruppe ausüben. Die Zuweisung einer geringerwertigen Tätigkeit setzt jedoch regelmäßig eine Änderung des Arbeitsvertrags voraus. Diese kann entweder mit Zustimmung der Beschäftigten herbeigeführt werden oder im Wege einer Änderungskündigung, wenn für die Änderung der Tätigkeit ein Kündigungsgrund besteht und die Annahme des Änderungsangebots den Beschäftigten zumutbar ist. Schließlich liegt auch ohne ein betriebliches AT-Gehaltssystem eine Umgruppierung vor, wenn durch Gehaltsfestsetzung seitens des Arbeitgebers dieses nicht mehr über dem höchsten tariflichen Entgelt liegt und der Beschäftigte dann Tarifbeschäftigter wird. Dies ist jedoch nur möglich, wenn Arbeitgeber und Arbeitnehmer beiderseitig einer Vertragsänderung zustimmen oder eine Änderungskündigung erfolgt. Denn die Vereinbarung eines außertariflichen Vertragsverhältnisses mit der Übertragung der Rechtsstellung eines AT-Angestellten bedeutet eine arbeitsvertragliche Zusicherung, diesen Status durch Zahlung einer Vergütung, die mindestens das im einschlägigen Tarifvertrag geregelte Abstandsgebot wahrt, auch zukünftig aufrecht zu erhalten.[114] Dies gilt bereits dann, wenn dem, dem außertariflichen Bereich zugeordneten Beschäftigten ein neuer Arbeitsbereich zugewiesen wird. Die Beurteilung des Arbeitgebers, der Beschäftigte sei nach der neuen Tätigkeit weiterhin dem außertariflichen Bereich zuzuordnen und unterfalle nicht der tariflichen Vergütungsordnung, ist eine erneute Eingruppierung des Beschäftigten i. S. v. § 99 Abs. 1 Satz 1 BetrVG. An dieser ist der Betriebsrat zu beteiligen.[115]

113 BAG 12.12.2006 – 1 ABR 13/06.

114 LAG Rheinland-Pfalz 27.1.2022 – 2 Sa 114/21; vgl. BAG 3.9.2014 – 5 AZR 1020/12; 25.4.2018 – 5 AZR 84/17; 18.11.2020 – 5 AZR 21/20.

115 Vgl. BAG 12.12.2006 – 1 ABR 13/06.

86. Ergeben sich Besonderheiten bei der Kündigung von AT-Beschäftigten?

Eine besonders gravierende personelle Maßnahme ist die Kündigung des Arbeitsverhältnisses durch den Arbeitgeber. Vor Kündigung von nicht-leitenden AT-Beschäftigten ist der Betriebsrat gem. § 102 Abs. 1 BetrVG anzuhören. Diese Vorschrift gilt für alle Beschäftigten im Betrieb mit Ausnahme der leitenden Angestellten (für diese gilt § 105 BetrVG). Nach § 102 Abs. 1 Satz 3 BetrVG ist eine ohne Anhörung des Betriebsrats ausgesprochene Kündigung grundsätzlich unwirksam.

87. Welcher Betriebsrat ist örtlich für AT-Beschäftigte zuständig?

Gibt es mehrere Betriebe mit Betriebsratsgremien im Unternehmen, stellt sich die Frage, ob der örtliche Betriebsrat oder der Gesamtbetriebsrat zuständig für die Beteiligung bei mitbestimmungspflichtigen Maßnahmen oder die Einleitung von Initiativanträgen ist. Nach § 50 Abs. 1 Satz 1 BetrVG ist der Gesamtbetriebsrat für eine Angelegenheit, die das Gesamtunternehmen oder mehrere Betriebe betrifft, originär zuständig, wenn ein zwingendes Erfordernis für eine betriebsübergreifende Regelung besteht. Dieses Erfordernis kann sich aus technischen oder rechtlichen Gründen ergeben.[116] Die Zuständigkeit des Gesamtbetriebsrats ist auch gegeben, wenn der Arbeitgeber im Bereich der **freiwilligen Mitbestimmung** zu einer Maßnahme, Regelung oder Leistung nur betriebsübergreifend bereit ist. Begründet wird dies damit, dass der Arbeitgeber mitbestimmungsfrei darüber entscheiden kann, ob er eine Leistung überhaupt erbringt, sodass er sie von einer überbetrieblichen Regelung abhängig machen und so die Zuständigkeit des Gesamtbetriebsrats für den Abschluss einer entsprechenden Betriebsvereinbarung herbeiführen kann.[117] Die bloße Zweckmäßigkeit oder der Wunsch nach einer unternehmenseinheitlichen Regelung ist dagegen nach Ansicht des BAG nicht geeignet, in Angelegenheiten der **zwingenden Mitbestimmung** die Zuständigkeit des Gesamtbetriebs-

116 Vgl. BAG 14.11.2006 – 1 ABR 4/06.
117 BAG 10.10.2006 – 1 ABR 59/05.

rats zu begründen.[118] Gibt es im Unternehmen mehrere Betriebe und dort jeweils AT-Beschäftigte, so ist folgerichtig der örtliche Betriebsrat für ein Vergütungssystem für AT-Beschäftigte zuständig. Der Wunsch des Arbeitgebers nach einer unternehmenseinheitlichen Regelung und der Bezug auf den arbeitsrechtlichen und den betriebsverfassungsrechtlichen Gleichbehandlungsgrundsatz reichen nicht.[119] Damit hat das BAG seine frühere Rechtsprechung geändert. Der Gesamtbetriebsrat ist nur zuständig, wenn es im Rahmen der erzwingbaren Mitbestimmung zwingend einer überbetrieblichen Regelung bedarf oder die örtlichen Betriebsräte ihre Zuständigkeit delegiert haben (§ 50 Abs. 2 BetrVG). Es handelt sich bei den AT-Gehältern auch um keine freiwillige Leistung, bei der der Arbeitgeber mitbestimmungsfrei darüber entscheiden könne, ob diese ausschließlich unternehmenseinheitlich erbracht werden soll oder nicht.[120] Zwar besteht bei den AT-Beschäftigten keine tarifvertragliche Vergütungspflicht und möglicherweise fehlt auch eine individualrechtliche Vergütungsvereinbarung, aber der Entgeltanspruch der AT-Beschäftigten ergibt sich aus § 612 Abs. 1 BGB, weil deren Arbeitsleistung nur gegen eine Vergütung zu erwarten ist. Die Vergütung der AT-Beschäftigten ist damit keine »freiwillige Leistung« im Sinne des Betriebsverfassungsrechts, von deren Erbringung der Arbeitgeber absehen kann, wenn er sich mit dem Betriebsrat nicht über deren Verteilung einig wird.[121] Hinsichtlich der Mitbestimmung bei Einstellung, Versetzung und Ein- sowie Umgruppierung liegt die Zuständigkeit bei dem örtlichen Betriebsrat in dem Betrieb, in den die AT-Beschäftigten eingegliedert werden sollen oder sind.[122] Ist die betriebliche Organisation nach einer Matrixstruktur ausgerichtet, können auch mehrere Betriebsräte zuständig sein. Wenn beispielsweise ein AT-Angestellter Führungskraft für Beschäftigte an zwei Standorten werden soll, sind hinsichtlich der personellen Maßnahme die Betriebsräte an beiden Standorten zu beteiligen.[123]

118 BAG 9.12.2003 – 1 ABR 49/02.
119 Vgl. BAG 18.5.2010 – 1 ABR 96/08.
120 Vgl. BAG 9.12.2003 – 1 ABR 49/02.
121 BAG 23.3.2010 – 1 ABR 82/08 mit dem Hinweis, dass sich ein anderes Verständnis auch nicht aus dem Senatsurteil vom 26.8.2008 – 1 AZR 354/07 ergibt.
122 Vgl. BAG 4.5.2011 – 7 ABR 10/10.
123 BAG 22.10.2019 – 1 ABR 13/19.

88. Welche Mitbestimmungsrechte bestehen bei Betriebsvereinbarungen?

Soweit nicht durch Gesetz oder Tarifvertrag bereits Regelungen bestehen, kann über alle betrieblichen Angelegenheiten eine Betriebsvereinbarung abgeschlossen werden. Das Unternehmen kann nur nicht in jedem Bereich dazu gezwungen werden. Es wird daher nach freiwilligen und erzwingbaren Betriebsvereinbarungen unterschieden. Erzwingbar ist eine Betriebsvereinbarung dann, wenn über ein Einigungsstellenverfahren bei Nichteinigung der Einigungsstellenspruch als Betriebsvereinbarung gilt.

Tabelle 1: Freiwillige und erzwingbare Betriebsvereinbarungen

Betriebsvereinbarung	Freiwillig (§ 88 BetrVG)	Erzwingbar (§ 77 BetrVG)
Bereich	Keine vollen Mitbestimmungsrechte	Erzwingbare Mitbestimmungsrechte
Durchsetzung	nicht erzwingbar; nur, wenn Arbeitgeber es auch will	im Streitfall mit Hilfe der Einigungsstelle
Form	schriftlich, mit Unterschrift versehene Urkunde	schriftlich, mit Unterschrift versehene Urkunde
Nachwirkung	keine Nachwirkung, kann aber vereinbart werden	Nachwirkung, bis neue Betriebsvereinbarung abgeschlossen wird

89. Welche Besonderheiten gelten für »freiwillige Betriebsvereinbarungen«?

Für freiwillige Betriebsvereinbarungen gelten einige Besonderheiten: Die Initiative geht vom Betriebsrat oder vom Arbeitgeber aus. Der Gegenstand der Betriebsvereinbarung stammt nicht aus dem Bereich der vollen Mitbestimmung. Beide Seiten entscheiden freiwillig, ob sie eine Vereinbarung abschließen oder nicht. Bei eigenen Initiativen muss der Betriebsrat somit den Arbeitgeber überzeugen. Möglicherweise hat er zudem andere Druckmittel, rechtlich kann er die Betriebsvereinbarung gegen den Willen des Arbeitgebers jedoch nicht durchsetzen. Für freiwillige Betriebsvereinbarungen gibt es kein Einigungsstellenverfahren, das den Willen einer Seite der anderen aufzwingen könnte. Auf freiwilligem Weg ist allerdings die

Hinzuziehung einer Einigungsstelle möglich (§ 76 Abs. 6 BetrVG). Deren Spruch bindet die Parteien aber nur, wenn sie es vorher – ebenso freiwillig – vereinbart haben. Ein weiterer Unterschied gegenüber erzwingbaren Vereinbarungen wird zum Ende der Betriebsvereinbarung sichtbar. Die erzwingbare Betriebsvereinbarung wirkt im Fall der Aufkündigung nach (§ 77 Abs. 6 BetrVG). Die Regelungen gelten also weiter, bis sie durch eine andere Regelung ersetzt oder einvernehmlich aufgehoben wurden. Die freiwillige Betriebsvereinbarung endet nach Ablauf der Kündigungsfrist ersatzlos, wenn nichts anderes vereinbart wurde.[124]

90. Was gilt bei »erzwingbaren Betriebsvereinbarungen«?

Von erzwingbaren Betriebsvereinbarungen ist immer dann zu sprechen, wenn eine Partei zu einem Abschluss »gezwungen« werden könnte, und zwar in dem Sinne, dass eine Einigungsstelle (siehe Frage 92) im Nichteinigungsfall abschließend entscheidet. Können sich Arbeitgeber und Betriebsrat bspw. in den Angelegenheiten des § 87 Abs. 1 BetrVG nicht einigen, so kann die Einigungsstelle angerufen werden. Diese kann in einem solchen Fall dann abschließend entscheiden (§ 77 Abs. 5 BetrVG). Also würde sich in den Fällen der erzwingbaren Mitbestimmung eine Partei gegen den Willen der anderen Partei durchsetzen und eine Betriebsvereinbarung »erzwingen« können.

91. Welche Durchsetzungsmöglichkeiten gibt es für Betriebsvereinbarungen zu AT-Beschäftigten?

Soweit Betriebsrat und Arbeitgeber sich inhaltlich zu mitbestimmten Regelungen nicht einigen können, ist im Betriebsverfassungsgesetz ein Einigungsstellenverfahren zur Einigung vorgesehen. Wird hingegen die Mitbestimmung missachtet oder ein Mitbestimmungsrecht bestritten, so sind die Arbeitsgerichte für die Klärung zuständig.

124 BAG 28.4.1998 – 1 ABR 43/97.

92. Was versteht man unter einer »Einigungsstelle«?

Für Angelegenheiten, die der Mitbestimmung des Betriebsrats unterliegen, bestimmt § 76 BetrVG, dass zur Beilegung von Meinungsverschiedenheiten eine Einigungsstelle gebildet werden kann. Eine Einigungsstelle wird im Allgemeinen nur bei Bedarf eingerichtet. Dies hat auch den Vorteil, dass sie mit Fachleuten zu dem jeweiligen Problem besetzt werden kann. Eine ständig bestehende Einigungsstelle ist möglich, wenn darüber eine Betriebsvereinbarung abgeschlossen wurde (§ 76 Abs. 1 Satz 2 BetrVG). Ein Einigungsstellenverfahren ist nicht zwingend, sondern von der Entscheidung der Parteien abhängig, ob sie diese anrufen wollen. Wird sie nicht angerufen, so endet das Beteiligungs- oder Initiativverfahren.

93. Wie ist eine Einigungsstelle besetzt?

Wenn eine Seite die Verhandlungen für gescheitert hält, kann sie die Einigungsstelle »anrufen«. Dies bedeutet praktisch, dass bspw. der Betriebsrat erklärt, dass er nun die Einigungsstelle mit dem Thema befasst. Er benennt seine Beisitzer und Stellvertreter, evtl. externe Sachverständige und schlägt einen Vorsitzenden vor. Dies wird dem Unternehmen übermittelt, mit der Auflage, sich in einer gewissen Frist dazu zu erklären. Dieses benennt dann auch seine Beisitzer und stimmt der Person des Vorsitzenden zu oder verlangt einen anderen. Dies muss dann evtl. gerichtlich geklärt werden. Die Einigungsstelle wird gebildet aus einem oder mehreren Beisitzern, die der Betriebsrat benannt hat, der gleichen Anzahl weiterer Beisitzer, die das Unternehmen benannt hat, und dem Vorsitzenden. Dabei kann es über vier verschiedene Punkte zum Streit kommen:

1. Ist überhaupt eine Einigungsstelle zuständig?
2. Wie viele Beisitzer soll sie haben?
3. Wer wird Vorsitzender der Einigungsstelle?
4. Welchen Regelungsgegenstand soll die Einigungsstelle entscheiden?

Über alle Streitfragen entscheidet letztlich das Arbeitsgericht. Die Einigungsstelle entscheidet im Rahmen der erzwingbaren Mitbestimmung endgültig. Dies durch einen Beschluss, der mit Stimmenmehrheit gefasst wird. Bei der ersten Abstimmung hat sich dabei der Vorsitzende der Stimme zu enthalten, um zu sehen, ob die Parteien sich geeinigt haben. Ist dies nicht der Fall, dann entscheidet in einer solchen Pattsituation die Stimme des Vorsitzenden den Streit. Die Einigungsstelle ist lediglich an die geltenden Rechtsvorschriften gebunden. Es steht also in ihrem freien Ermessen, im Rahmen der geltenden Gesetze zu bestimmen, welche Regelungen z. B. in eine Betriebsvereinbarung zur Arbeitszeit aufgenommen werden.

94. Kann der Beschluss einer Einigungsstelle angefochten werden?

Der Beschluss einer Einigungsstelle kann inhaltlich gerichtlich nicht ersetzt werden. Er unterliegt der Überprüfung durch das Arbeitsgericht nur hinsichtlich

- der rechtsfehlerfreien Einleitung des Mitbestimmungsverfahrens,
- der Rechtmäßigkeitskontrolle der Beschlüsse und
- der Kontrolle von Ermessensentscheidungen im Hinblick auf die Einhaltung der Ermessensgrenzen.

Das Arbeitsgericht kann angerufen werden und die Feststellung treffen, dass der Spruch der Einigungsstelle rechtsunwirksam sei. Es kann der Einigungsstelle jedoch nicht auferlegen, die fehlende Zustimmung zu einer mitbestimmungspflichtigen Maßnahme zu ersetzen. Arbeitgeber und Betriebsrat haben die Möglichkeit, eine von der Einigungsstelle beschlossene Betriebsvereinbarung anzufechten. Allerdings kann das Arbeitsgericht nicht die Inhalte einer bestimmten Betriebsvereinbarung bestimmen, sondern nur ggf. deren Unwirksamkeit feststellen.

95. Welche arbeitsgerichtlichen Beschlussverfahren gibt es?

Wenn der Betriebsrat und das Unternehmen darüber streiten,

- welche Informationen dem Betriebsrat zustehen,
- ob ein Mitbestimmungsrecht besteht,
- ob ein Widerspruch beachtlich ist,
- ob Fristen abgelaufen sind,
- ob Maßnahmen umgesetzt werden dürfen,
- ob Maßnahmen vom Unternehmen zu unterlassen sind und Ähnliches,

so können sie das Arbeitsgericht anrufen. Dieses spezielle Gerichtsverfahren wird Beschlussverfahren genannt, weil das Arbeitsgericht am Ende kein Urteil spricht, sondern durch Beschluss entscheidet.

96. Welche Dauer haben arbeitsgerichtliche Beschlussverfahren?

Es wäre jedoch verfehlt, darauf zu hoffen, dass die Gerichte immer und vor allem schnell helfen. Zum einen dauern die Gerichtsverfahren in der Regel sehr lang, zum anderen ist völlig offen, ob dadurch die erwünschten Ergebnisse erzielbar sind. Eine Ausweitung von Mitbestimmungsrechten ist dabei eher nicht zu erwarten. Das Gericht sollte daher nur als letzte Maßnahme in Betracht gezogen werden. Wenn bspw. die Verhandlungen völlig verfahren sind oder das Unternehmen bestreitet, dass z. B. Mitbestimmungsrechte zum Abschluss von Betriebsvereinbarungen bestehen, bleibt nichts anderes übrig, als Hilfe der Arbeitsgerichte zu suchen. Das Verfahren wird durch einen schriftlichen Antrag bei dem zuständigen Arbeitsgericht eingeleitet. In den meisten Fällen wird der Betriebsrat oder das Unternehmen Antragsteller sein. Grundsätzlich können auch einzelne Betriebsratsmitglieder, Gruppen von Beschäftigten und die im Unternehmen vertretenen Gewerkschaften einen Antrag stellen.

> **Praxistipp:**
> Bei der Beurteilung von Rechtslage und Erfolgsaussichten sind bei Bedarf die Gewerkschaften oder anderweitiger rechtlicher Beistand behilflich.

97. Wie sind Anhörungs- und Kammertermine aufgebaut?

Das Arbeitsgericht gibt dem Antragsgegner die Möglichkeit zur Stellungnahme und bestimmt grundsätzlich einen mündlichen Anhörungstermin, wenn eine gütliche Einigung nicht von vornherein ausgeschlossen erscheint. Soweit die Parteien sich nicht im ersten Gerichtstermin vergleichen, den Antrag zurückgenommen haben oder die Sache bereits erledigt ist, entscheidet das Arbeitsgericht in einem weiteren Termin (Kammertermin) durch Beschluss. Dieser wird verkündet und schriftlich abgefasst den Beteiligten zugestellt. Das gerichtliche Beschlussverfahren kann als Feststellungs-, Verpflichtungs- oder Unterlassungsverfahren geführt werden. So kann festgestellt werden, dass dem Betriebsrat ein bestimmtes Recht zusteht.

> **Praxisbeispiel:**
> »Es wird festgestellt, dass die Versetzung von XXX gem. § 99 BetrVG der Mitbestimmung durch den örtlichen Betriebsrat unterliegt.«

Als zweite Möglichkeit könnte das Unternehmen zu einem bestimmten Tun verpflichtet werden.

> **Praxisbeispiel:**
> »Das Unternehmen XY wird verpflichtet, die nachstehenden Unterlagen dem Betriebsrat zur Einsicht bereitzustellen.«

Schließlich könnte das Unternehmen auch verpflichtet werden, ein bestimmtes Tun zu unterlassen.

> **Praxisbeispiel:**
> »Das Unternehmen wird verpflichtet, eine Versendung des Personalfragebogens an die Beschäftigten zu unterlassen, bis das Mitbestimmungsverfahren mit dem Betriebsrat abgeschlossen ist.«

98. Was ist eine »einstweilige Verfügung«?

Ein schnelles, aber nur vorläufig wirkendes arbeitsgerichtliches Verfahren ist die einstweilige Verfügung. Damit ist es möglich, den drohenden Verlust von Rechten des Betriebsrats zu verhindern und durch eine vorläufige Regelung des Gerichts ersetzen zu lassen. Voraussetzung ist, dass der Antragsteller einen Verfügungsanspruch (Betriebsrat ist im Recht) und einen Verfügungsgrund (Eilbedürftigkeit) glaubhaft macht.
Ein Antrag auf einstweilige Verfügung ist dann zulässig, wenn

- ohne ihren Erlass dem Betriebsrat schwere und unzumutbare Nachteile entstünden, die durch die Entscheidung im Hauptsacheverfahren nicht mehr ausgeglichen werden könnten,

- sich mit hoher Wahrscheinlichkeit im Hauptsacheverfahren erweisen wird, dass der Anspruch des Betriebsrats besteht, dessen Sicherung sie dienen soll,
- andererseits die vorläufige Regelung die Hauptsache nicht unwiederbringlich vorwegnimmt.

99. Welche arbeitsrechtlichen Gerichtsinstanzen gibt es?

Im Bereich des kollektiven Arbeitsrechts haben wir folgende Gerichtsinstanzen:

Tabelle 2: Übersicht zu Gerichtsinstanzen

Instanzen	Zuständiges Gericht	Verfahrensarten
1. Instanz	Arbeitsgericht (ArbG)	a) Beschlussverfahren b) Einstweilige Verfügung
2. Instanz	Landesarbeitsgericht (LAG) Beschwerde	a) Beschlussverfahren b) Einstweilige Verfügung
3. Instanz	Bundesarbeitsgericht (BAG) Rechtsbeschwerde	Beschlussverfahren

Bei der Verletzung grundgesetzlich geschützter Rechte bleiben die allgemeinen Möglichkeiten, nämlich Entscheidungen des Bundesverfassungsgerichts oder des Europäischen Gerichtshofes.

H. Betriebsvereinbarungsinhalte

100. Welche möglichen Regelungsinhalte gibt es für Betriebsvereinbarungen mit Bezug auf AT-Beschäftigte?

Für die betriebliche Praxis ergibt sich aus dem großen Kanon der Beteiligungsrechte und der Herausnahme der AT-Beschäftigten aus dem Geltungsbereich des Tarifvertrags eine Vielzahl von Handlungsbereichen.[125] Nachfolgend wird eine Übersicht für mögliche Regelungsinhalte von Betriebsvereinbarungen mit Bezug zu den AT-Beschäftigten dargestellt, ohne den Anspruch auf Vollständigkeit zu haben.[126] Die Umsetzungsmöglichkeit wird von Betrieb zu Betrieb variieren:

- Konkretisierung des Status
- Einstellung von AT-Beschäftigten
- Wechsel zwischen Tarif- und AT-Status
- Arbeitsvertrag
- Arbeitszeit
- Urlaub und Freistellung
- Vergütungssystem
- Variable Vergütung
- Sozialleistungen und Altersvorsorge
- Beurteilung, Mitarbeitergespräch und Feedback

---

125 Details dazu bei *Breisig*, AT-Angestellte, S. 16 ff. und das dortige Gestaltungsraster ab S. 120.

126 Eine Auswertung der Praxis der Entgeltgestaltung für AT-Angestellte in der chemischen Industrie haben *Bromberg, Haipeter, Hecker* für die Hans Böckler Stiftung 2017 vorgenommen.

- Besondere Schutzrechte
- Interessenvertretung und Konfliktlösung

101. Welche konkreten Regelungsinhalte sind bei der Arbeitszeit möglich?

Bei der Arbeitszeit sind u. a. folgende Regelungsinhalte möglich:

- Ziele und Grundsätze der Arbeitszeitgestaltung
- Zeiterfassung auch bei Vertrauensarbeitszeit
- Umfang der Dokumentationspflicht zur Arbeitszeit
- Verweis auf die geltenden Bestimmungen des ArbZG
- Jahresarbeitszeitkonten/Langzeitkonten speziell für AT-Beschäftigte
- Umwandlung von Entgeltbestandteilen in Zeitguthaben
- Zu leistende Mehrarbeit/Überstunden und Beteiligung Betriebsrat
- Festlegung von Ausgleichszeiträumen zum Abbau von Plus- bzw. Minusstunden
- Einbeziehung von AT-Beschäftigten in bestehende Schichtdienstmodelle
- Arbeit an Samstagen, Sonn- und Feiertagen

102. Welche konkreten Regelungsinhalte sind beim Vergütungssystem möglich?

Beim Vergütungssystem sind u. a. folgende Regelungsinhalte möglich:

- Beschreibung des Gesamtzuschnitts des Vergütungssystems, Gehaltsstufen oder Gehaltsbänder
- Eingruppierung i. S. einer Zuordnung zum Gehaltsband oder der Gehaltsstufe und Stellenbewertung
- Festlegung auf Methodik der Stellenbewertung
- Einordnung und Entwicklung der Beschäftigten in Gruppe, Stufe oder Band nach Leistung und/oder anderen Kriterien
- Gehaltsanpassung – in der Regel jährliche Weiterentwicklung der Werte der Gehaltsbänder
- Individuelle Weiterentwicklung (z. B. aufgrund einer Leistungsbeurteilung)
- Sicherung des Abstands zum höchsten Tarifentgelt durch Tarifdynamik

Stichwortverzeichnis

A

AGB-Kontrolle 41
Arbeitsgericht 94
– Beschluss 94
AT-Angestellte 17, 40
– Arbeitsvertragsinhalte 40
– Betriebsvereinbarungen über Arbeitsentgelte 71
– Kündigung 88
– Vergütungssystem 71
– Wählbarkeit 70
– Wahlberechtigung 70
AT-Arbeitsvertrag 40
– Abgeltungsklausel Überstunden 54
– Bonustermin 46
– Grundsatz der Gleichbehandlung 47
– Mehrarbeit 44, 53
– Provision 44
– Überstunden 44, 54
– Wettbewerbsverbot nachvertraglich 61
– Wettbewerbsverbot während des Arbeitsverhältnisses 60
AT-Beschäftigte
– s. unter AT-Angestellte 21

B

Betriebsrat 68
– Gesamtbetriebsrat 88
– Informationsrecht 79
Betriebsvereinbarung 90, 97
– Einigungsstelle 92
– Erzwingbare 91
– Freiwillige 90
– Gerichtsverfahren 93
Bezugnahmeklauseln 49

D

Diskriminierungsverbot 49

E

Einigungsstelle 92
– Beschluss 93
Einstweilige Verfügung 95

K

Kündigung 88

L

Leitende Angestellte 35
– Abgrenzungsmerkmal 37
– Oberes Management 38
– Sonderregeln 38

M
Mindestabstand 74
Mitbestimmung 68
– AT-Angestellte 70
– AT-Beschäftigte/Angestellte 68
– AT-Status 69
– Ausgruppierung 85
– Gerichtliches Beschlussverfahren 95
– Herabgruppierung 87
– ÜT-Beschäftigte 68
– Vertrauensarbeitszeit 79

T
Tarifbindung 20
– dynamische Verweise 20

U
ÜT-Angestellte 17

Kompetenz verbindet

Erika Fischer, Silvia Mittländer, Regina Steiner

Arbeitszeitgesetz

Basiskommentar zum ArbZG
2., neu bearbeitete und aktualisierte Auflage
2024. 210 Seiten, kartoniert
€ 36,–
ISBN 978-3-7663-7191-1

Das Arbeitszeitgesetz (ArbZG) begrenzt die tägliche Arbeitszeit zum Schutz der Gesundheit. Für einen effektiven Schutz muss die Arbeitszeit aber auch vollständig erfasst werden. Die Rechtsprechung legt den Arbeitgebern eine entsprechende Verpflichtung auf. Der neue Basiskommentar erläutert die aktuelle Rechtslage.

Zugleich verändern Homeoffice und mobile Arbeit das Verständnis der Normalarbeitszeit. Flexibilisierung ist gewünscht. Im Spannungsfeld zwischen notwendiger Regulierung und zeitgemäßer Flexibilisierung geben die Autorinnen klare Orientierung.

Die Schwerpunkte der Neuauflage:
- Tägliche Höchstarbeitszeit
- Arbeitszeiterfassung
- Zulässigkeit von Überstunden
- Ausgleich für geleistete Mehrarbeit
- Arbeitszeit bei mobiler Arbeit und Homeoffice
- Ruhepausen und Ruhezeiten
- Verteilung der Arbeitszeit über den Tag

Bund-Verlag